Uwe R. Linke

Die Psychologie des Wohnens

Uwe R. Linke

Die Psychologie des Wohnens

Vom Glück, sich ein
authentisches Zuhause zu schaffen

nymphenburger

Meinen Eltern Waltraud und Klaus für alles,
was sie für mich getan haben.

© 2010 nymphenburger in der
F.A. Herbig Verlagsbuchhandlung GmbH, München.
Alle Rechte vorbehalten.
Umschlag und Innengestaltung: www.atelier-sanna.com, München
Umschlagmotiv: www.atelier-sanna.com, München
Gesetzt aus: 9,5/13 pt. MetaPlus Normal
Gesamtherstellung: Print Consult GmbH, Grünwald b. München
Printed in the EU
ISBN 978-3-485-01308-6

www.nymphenburger-verlag.de
www.wohnpsychologie.com und www.raumpsychologie.info

Inhalt

Vorwort von Dr. med. Ruediger Dahlke

Vorwort

Vor vielen Jahrzehnten brauchten wir indisches Yoga, um neuen Zugang zu westlicher Körperkultur zu finden, vor drei Jahrzehnten war Reiki nötig, um uns wieder zu trauen, die heilende Kraft unserer Hände einzusetzen, heute ist es das hinduistische Deeksha, das uns die Wirkung des Segnens wiederentdecken lässt. Seit vor ca. zwei Jahrzehnten das chinesische Feng-Shui und das indische Vastu den Westen eroberten, wurde eine Renaissance westlicher Raumgestaltungskunst möglich, auch wenn wir anfangs versuchten, mitten in Bayern und Österreich China zu spielen. Natürlich mussten wir zuerst Lehrgeld zahlen in Gestalt von gefällten Kastanienbäumen, die an der falschen Hausseite standen, winzigen Fenstern, die in alten chinesischen Zeiten Sicherheit gewährleisteten. Selbst Goldfische mussten in kleinen unbelüfteten Gläsern für unsere Missverständnisse in Bezug auf schnellen Reichtum büßen. Wir neigen dazu, Impulse von außen zu brauchen und sie anfangs zu oberflächlich beziehungsweise rein äußerlich materiell zu verstehen. Da wurden Flöten aufgehängt, um die Raumatmosphäre zu verbessern, ohne auf die Idee zu kommen, sie auch zu spielen, um Schwingung und Musik in den Raum zu bringen.

Inzwischen aber ist die Zeit reif für unser eigenes Verständnis von Raumqualität und Psychologie. Die ganze Moderne krankt daran, dass wir Quantität weit über Qualität stellen und Letztere manchmal völlig außer Acht lassen. Dass Qualität von Nahrung wichtig ist, wenn die Quantität gesichert ist, haben die meisten inzwischen begriffen. Die Qualität der Zeit erobern wir uns so allmählich über die Urprinzipien zurück. Nun ist es so weit, auch die Qualität des Raumes zu entdecken und mit unserer Psyche zu verbinden.

Mit Uwe R. Linke nimmt sich ein Einrichtungsfachmann erstmals dieses Themas auf einer westlichen Basis an, ein Fachmann, von dem ich weiß, dass er sich lange und intensiv mit den Archetypen beziehungsweise Urprinzipien beschäftigt hat, schon weil er meine ganze diesbezügliche Ausbildung durchlaufen hat. Was man im Westen unter Design und Geschmack versteht, war ihm natürlich schon davor sichere Basis.

Während das Wissen um Feng-Shui und Vastu objektive Richtlinien vorgibt, wie das gesunde und lebensfördernde Haus auszusehen habe, kann die Urprinzipienlehre, ohne diese Ideen infrage stellen zu müssen, dem Ganzen noch eine entscheidende individuelle und psychologische Note hinzufügen. Denn tatsächlich ist es natürlich nicht egal, wer in welchem Haus lebt.

Die zwölf klassischen Urprinzipien erfassen das ganze Spektrum der Wirklichkeit und können so allen Gegebenheiten Rechnung tragen. Aber auch jeder Mensch ist über dieses in der gesamten hermetischen Philosophie durchgängig benutzte System erfassbar in seinen Eigenarten und Begabungen. Verantwortungsvolle psychologische Astrologie etwa nutzt diese Möglichkeit, um Menschen ihren Lebensfahrplan mit allen Aufgaben und Besonderheiten auseinanderzusetzen.

Wer als Gestalter nun beide Chancen verbindet, wie es Uwe R. Linke seit Jahren schafft und in seinem Buch auch erstmals darstellt, und die besondere Qualität eines Hauses, einer Wohnung oder eines Raumes mit der besonderen Qualität des hier wohnenden Menschen verbindet, schafft damit wiederum eine ganz neue Qualität. Die Urprinzipien-Lehre gibt ihm dabei verlässliche Kriterien an die Hand, mit deren Hilfe östliche Einrichtungslehren zwanglos mit den Einsichten westlichen Designs und psychologischer Einsichten verbunden werden können. Und all das im Hinblick auf die Menschen, um die es hier geht, die sich hier wohlfühlen

wollen, aber nicht nur das. Auch verschiedenste Tätigkeiten sind mit unterschiedlichen Archetypen verbunden und profitieren davon, wenn diesen in der Raumgestaltung Rechnung getragen wird. Offensichtlich ist uns klar, wie unterschiedlich die Kriterien sind, die Schlafzimmer und Arbeitszimmer zu erfüllen haben. Doch auch bei Letzterem ist es keinesfalls gleichgültig, welche Arbeit hier geleistet werden soll. Tatsächlich hat die Umgebung und damit die Gestaltung des Raumes viel Einfluss darauf, ob sie einem leicht oder eher zäh von der Hand gehen wird.

Die Urprinzipien-Lehre kann solche Belange mit der Vielfalt ihrer Möglichkeiten wunderbar einbeziehen und dafür garantieren, dass alle Aspekte einbezogen werden. Diese Garantie der Vollständigkeit ist eine der großen Stärken des Systems und die Basis einer wirklich umfassenden Wohnpsychologie. Wer damit arbeitet, ist gleichsam geschützt davor, wichtige Aspekte der Wirklichkeit zu übersehen. Die meisten unserer Probleme in dieser Welt ergeben sich aus dem *Fehlen* wesentlicher Kriterien und den daraus erwachsenden *Fehlern*. Werden diese dann noch ignoriert, kommt es zur Schattenbildung und den bekannt großen Problemen. Wo jedoch von Anfang an alle Kriterien bedacht werden und mit der Gesamtheit der

Urprinzipien auch der Gesamtheit des Lebens Rechnung getragen wird, ist man vor bösen Überraschungen gefeit.

Böse ist nur ein anderes Wort für ausgeschlossen und vergessen. Die 13. Fee im Märchen vom Dornröschen wird auch erst dadurch böse, dass sie nicht eingeladen und folglich hinausgedrängt wird. Ihr Fehlen wird dann zum entscheidenden Fehler, als sie sich aus dem Schatten zurückmeldet und mit Verfall und Tod droht. Selbst die wahnsinnigsten Gegenmaßnahmen des Königs können nicht mehr wirklich helfen, wenn Entscheidendes fehlt.

Insofern ist es ungleich besser, lieber wohn- als wahnsinnig vorzugehen und von Anfang an alles zu bedenken und zu integrieren. Die hier vom Autor benutzte Methode leistet das seit Langem in der Medizin von »Krankheit als Symbol« und kann es natürlich auch im Einrichtungswesen, wie dieses Buch in beeindruckender Weise offenbart.

Dr. med. Ruediger Dahlke

Wohnen und Psychologie –

Coach statt Couch

1

Meine erste Wohnung war ein kleines Zelt aus Decken und alten Leinentüchern. Kunstvoll hatte ich mit Schnüren und Wäscheklammern eine Konstruktion erstellt und die Stoffe daran befestigt. Es war klein, aber mein! Im zarten Alter von fünf Jahren begann mein Wille, meinen Lebensraum zu gestalten, auch wenn die Spielräume noch so überschaubar und die Mittel begrenzt waren. Das Zelt war unter meinem Hochbett entstanden, sicher und urgemütlich. Meine Behausung verschaffte mir einen ersten privaten Bereich. Es war ein Genuss, da den Erwachsenen der Zutritt verwehrt war und ich mein kleines Chaos darin verteidigen konnte wie eine Ritterburg im Mittelalter. Das Wissen um das Wohlbefinden im eigenen Raum hat mich nie wieder losgelassen und sollte mich bis zu diesem Buch führen. Unsere Wohnung ist der Spiegel unseres Selbst und damit auch ein Abbild der Seele. An der Art, wie wir unser Lebensumfeld gestaltet haben, können wir ablesen, wer wir sind und wie wir unsere Lebensthemen angehen. Bei der Wohnpsychologie geht es also um das Wesentliche. Nur was ist das genau? Das, was unser Wesen am besten ausdrückt und uns gerecht wird?

Um uns wohlzufühlen, wissen wir genau, welchen Pulli wir tragen wollen, welches Getränk wir bestellen und welche Gesichtscreme uns guttut. Auch beim Auto wissen wir, welches am besten von Temperament und Charakter zu uns passt. Geht es jedoch ums Wohnen, das wir ohne Unterlass an jedem Tag unseres Lebens tun, fällt es uns oft sehr viel schwerer, das Passende für unsere Bedürfnisse zu finden und umzusetzen.

In den letzten dreißig Jahren ist hervorragendes Design auf den Markt gekommen und aus der damaligen vergeblichen Suche nach passender Einrichtung wurde die Überforderung, was nun an dem heutigen riesigen Angebot das Richtige für uns ist.

Sollen wir zu fernöstlichen Lehren greifen oder lieber die altbekannten Klassiker wählen oder uns auf verrückte Designerlaunen einlassen?

Wann beginnt sich ein Haus in ein Zuhause zu verwandeln, das uns neben schützender Sicherheit auch gemütliche Geborgenheit vermittelt und neben praktischem Komfort auch eine innere Kraftquelle bietet?

Die Beschäftigung mit der Psychologie des Wohnens macht uns unsere wirklichen Bedürfnisse bewusst. Wir werden entscheidungssicherer und authentischer. Wohnpsychologie hilft, abseits von Trends, eine uns adäquate Einrichtung und lebendige Gestaltung mit Stil, Raum, Licht und Farbe zu schaffen. Doch woher können wir wissen, was uns wirklich entspricht?

Eine einfache Frage kann uns bereits etwas Aufschluss über unsere gegenwärtige Wohnsituation geben: Wären Sie tagelang durch einen Schneesturm in Ihren eigenen vier Wänden eingeschlossen, würden Sie geschwächt und gelangweilt oder energiegeladen und zufrieden herauskommen?

Wohnen und Psychologie gehören zusammen. Das Entscheidende dabei ist, dass wir uns bewusst mit der Lebensraumgestaltung auseinandersetzen. Dadurch erkennen wir unsere Konzepte, die unser Innenleben mit seinen Bedürfnissen authentisch zum Ausdruck bringt. Wenn wir dann unser Umfeld nach unserem inneren Konzept und nach den eigenen Bedürfnissen gestalten, nennt man diesen Vorgang im Fachjargon »Aneignung«. Wir sind daran interessiert, uns selbst in unserem Lebensumfeld noch stimmiger, noch authentischer auszudrücken und im Zuhause die Sicherheit, Geborgenheit und Erholung zu erfahren, die wir brauchen, um Lebenserfüllung oder Glück zu empfinden.

Neues wagen

Betrachtet man das Wort »wohnen«, fällt auf, dass »ge-wohnt« zweierlei Bedeutung hat: Man hat in einer Wohnung gewohnt oder ist etwas gewohnt. Es scheint also einen bedeutenden Zusammenhang zwischen Wohnen und einer Gewöhnung oder etwas unverändert Bekanntem zu geben. »Ich bin etwas gewohnt«, meint ja oft nichts anderes, als dass wir von etwas nicht ablassen wollen und keine Veränderung wünschen, selbst wenn uns die Sinnhaltigkeit einer Veränderung bewusst wird. Sich auf etwas Gewohntes zu beschränken und nichts Neues auszuprobieren, zeugt oft vom Streben nach Sicherheit. Das ist zunächst natürlich wertneutral, kann jedoch schnell zur Behinderung werden, wenn äußerlich veränderte Lebensumstände eigentlich bedingen, sich auch innerlich zu verändern und alte Sicherheitskonzepte über Bord zu werfen.
Ich kann aus über zwanzig Jahren Erfahrung als Einrichter und Gestalter sagen, dass Frauen eher zu diesen Veränderungen bereit sind, während Männer sich

viel länger mit bestehenden, vielleicht nicht mehr zeitgemäßen oder nicht mehr den Umständen gemäßen Einrichtungen zufriedengeben. »Warum sollten wir das ändern, das Alte tut es ja noch«, hört man dazu oft. Sehr wahrscheinlich stimmt die Aussage rein pragmatisch betrachtet. Und doch entscheidet sich an dieser Stelle, ob jemand haust, wohnt oder residiert. Dabei ist es keine Frage, ob man für die Unterbringung seiner Kleidung eine simple Stange mit einigen einfachen Brettern als Ablage wählt, einen hochwertigen Kleiderschrank oder einen perfekten Ankleideraum mit 25 m² Fläche. Entscheidend ist, welche Zufriedenheit und welches Ausmaß an Glücksempfinden daraus entsteht.

Beispiel:

Familie K. hatte einen neues hochwertiges TV-Gerät bestellt. Eigentlich wollte Frau K. auch ein neues Sideboard dazu haben und das schöne Gerät frei darauf aufstellen. Ihr Mann verweigerte dies, weil die alte Schrankwand damals vor fünfundzwanzig Jahren sehr teuer gewesen war. Es war ihm schon klar, dass die alte Wand eigentlich gar nicht mehr passte und der Lebensstil sich sehr verändert hatte. Obwohl das Geld nicht das Problem war, bestand er darauf, dass das neue Gerät in die alte Wohnwand in-tegriert würde. Dummerweise hatte man sich vermessen und das Gerät passte gerade nicht in die vorgesehene Nische, sodass eine Lösung gefunden werden musste. Kurzerhand packte den Hausherrn der Ehrgeiz und er sägte mit der Stichsäge die vorgesehene Nische größer. Als dann die Späne flogen und das Ergebnis technisch brauchbar, aber ästhetisch eine kleine Katastrophe wurde, war sofort ein beidseitiges Einverständnis für ein neues Sideboard da. Offenbar war notwendig, dass der Hausherr selbst Hand anlegte und sich davon überzeugte, dass eine Änderung nicht mit ein paar Handgriffen erzielbar war. Das Alte war eben nicht mehr gut. Jedenfalls nicht gut genug für das neue Wohngefühl, das man unter anderem durch das neue Gerät erreichen wollte.

Wohnen ist etwas Fundamentales für uns Menschen. Unser Ausdruck dieser Fundamente hat immer mit uns zu tun. Daher ist die Art, wie wir wohnen, nie zufällig, sondern ein Spiegel unseres Charakters. Ob wir dem Entspannen und Erholen in unserem Haus eine Bedeutung beimessen und dafür auch bereit sind, Geld auszugeben, oder uns mit Provisorien begnügen und Veränderung dem Zufall überlassen, muss gar nicht bewertet werden. Es genügt, dass wir uns darüber klar werden und uns selbst über die Schulter sehen lernen. Wenn wir dadurch Fehler als etwas Fehlendes betrachten lernen und Nichtperfektion als Lernaufgabe und nicht als Makel, dann hat die Psychologie des Wohnens uns ein Stück unbeschwerter und leichter gemacht.

Beurteilung oder Deutung

Bei der Wohnpsychologie geht es nie um Beurteilung, sondern immer um Deutung. Diese Unterscheidung ist wichtig.

Eine Beurteilung setzt eine »objektive« Warte voraus, während im Gegensatz dazu eine Deutung assoziativ, intuitiv und ganzheitlich versucht, emotionale Eindrücke zu verbalisieren und eine Selbsterforschung anzuregen. Die Entscheidung, wie man die Wohnung einrichtet, soll eben nicht der Einrichter oder Berater fällen, sondern der Nutzer aufgrund einer durch die Beratung erweiterten Sichtweise.

Es entspricht häufig der Praxis, dass Kunden um Ratschläge fragen, und es findet sich immer jemand, der gerne »Rat-Schläge« erteilt. Dennoch bin ich davon überzeugt, dass Rat suchende Menschen eher nach einem Leitfaden für die eigene Entscheidungsfähigkeit suchen, als das sie tatsächlich wissen wollten, was andere als für gut für sie befinden.

Die Wohnpsychologie versucht, verschiedene Ansätze zu vereinen und zu berücksichtigen. Den meisten fallen sofort zu diesem Thema das chinesische Feng-Shui, das indische Vastu oder andere Lehren ein. Es ist sicher auch verlockend, Grundsätze für »richtiges« Wohnen aus einer Tradition zu entlehnen und als Gebrauchsanleitung zu fixieren. Ich bin jedoch davon überzeugt, dass Wohlbefinden und gute Gestaltung komplexer und tiefgründiger sind, als dass sie in einer Anleitung für alle Menschen gleich-

15

geltend fixiert werden könnten. Viele der Ansätze der erwähnten Lehren sind sinnvoll und gut nachvollziehbar. Doch erscheinen mir viele »Lösungen« zu dogmatisch oder schlecht auf unseren Kulturkreis übertragbar. Vor allem entstanden die meisten Lehren vor vielen Jahrhunderten und dabei stellt sich die Frage, ob sie einem Leben in der heutigen Zeit und ihren Anforderungen in unserem Kulturraum gerecht werden. Auch macht es mich stutzig, wenn es nur eine einzig richtige Lösung zu einem Problem gibt oder eine Lösung für alle Menschen gleich gut sein soll.

Die Wohnpsychologie ist eine differenzierte Art der Betrachtung, die keine eindeutig skalierbaren oder »vernünftig« bewertbaren Beurteilungen liefern kann, dafür wertvolle Hilfestellung im Bewusstseinsprozess leistet und eine zeitlos angemessene Lösung anbietet. Sie schenkt mehr Lebensfreude als jeder Trend der schicksten Designermoden. Das heißt: »Richtig« gibt es nur insofern, als es für mich, für meinen Typ passend ist.

In diesem Sinne wünsche ich Ihnen viel Freude beim Entdecken Ihres Zuhauses – innen und außen.

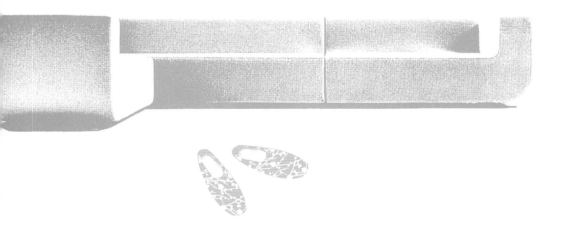

Der Wohntest

Folgender Test kann zeigen, wie authentisch Sie Ihre Lebensraumgestaltung bis jetzt einschätzen, und der Frage nachgehen: Bin ich in meinen vier Wänden wirklich zu Hause?

Antworten Sie möglichst spontan auf die Fragen, ohne länger nachzudenken.
Trifft zu:
genau/meist/weder noch/weniger/überhaupt nicht

1. Ich nehme mir viel Zeit für die Einrichtung, die Dekoration und das Ausmisten. ○○○○○

2. Für mein Wohlbefinden ist es sehr wichtig, mich auf zu Hause zu freuen. ○○○○○

3. Eigentlich würde ich mich ganz anders einrichten, aber ich kann mich nicht entscheiden oder nur schlecht von alten Dingen trennen. ○○○○○

4. Meine Gäste und Freunde fühlen sich bei mir sehr wohl, obwohl sie sich vielleicht anders einrichten würden. ○○○○○

5. Wenn ich mal in meiner Wohnung bin, verbringe ich die meiste Zeit vor dem Fernseher oder mit Dingen, die unbedingt getan werden müssen. ○○○○○

6. Bevor ich etwas Unkonventionelles mache, besinne ich mich lieber auf das Übliche. ○○○○○

7. Bevor ich Geld in das Wohnen investiere, leiste ich mir eher andere Dinge, die für mich oder für meine Familie wichtig sind. ○○○○○

8. In meiner Wohnung ist mein Stil unverkennbar und deutlich sichtbar. ○○○○○

9. Meine Möbel sind für meine Wohnung eigentlich zu klein, zu groß oder unpassend. ○○○○○

10. In meiner (unserer) Wohnung gibt es einen Rückzugsbereich für mich. ○○○○○

11. In meiner Wohnumgebung habe ich das Gefühl: Hier bin ich richtig und authentisch. ○○○○○

12. Wenn sich meine Lebensumstände (Umzug/Partner) geändert haben oder Änderungswünsche aufkommen, gehe ich sofort an die Realisierung. ○○○○○

Auswertung:

Fragen
1, 2, 4, 8, 10, 11, 12:   5/4/3/2/1 Punkte

Fragen
3, 5, 6, 7, 9   1/2/3/4/5 Punkte

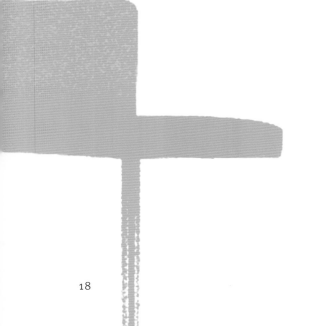

49 bis 60 Punkte
Die Raupe im Kokon

Sie sind schon nah dran, was Ihr Wohlbefinden und Ihre Individualität beim Wohnen betrifft. Sie machen sich viele Gedanken und dem Thema Wohlgefühl räumen Sie in Ihrem Leben eine hohe Priorität ein. Es fällt Ihnen meist leicht, das Eigene zu finden, sich auf die Veränderungen des Lebens und Ihrer Bedürfnisse einzustellen. Ihrer Wirkung sind Sie sich bewusst und Sie schaffen es, meist in Einklang mit Ihren Bedürfnissen und Wünschen zu leben. Die Beschäftigung mit der Wohnpsychologie hilft Ihnen, noch schneller eine authentische Entscheidung zu treffen und damit lange Zeit glücklich zu sein.

37 bis 48 Punkte
Die Individualität oder der Maßanzug

An und für sich ist Ihnen das Wohlbefinden in der Wohnung schon wichtig, aber es gibt halt noch andere wichtige Prioritäten für Sie. Sind Sie wirklich bereit, das Wohnen als etwas Wichtiges für Ihr Leben zu betrachten und sich das »Leben einzurichten«? Ein Hinterfragen oder eine Ihren Bedürfnissen angepasste Neuausrichtung könnte nicht schaden, um Ihr Wohlbefinden zu steigern. Dadurch können Sie die Wirkung, die Sie erzielen wollen, klarer und eindeutiger zum Ausdruck bringen und ein Mehr an Harmonie erreichen.

25 bis 36 Punkte
Im Pulli des großen Bruders

Wohnen ist etwas für Sie, womit Sie sich eher am Rande auseinandersetzen. Vieles haben Sie übernommen, ohne sich zu fragen, ob es auch Ihren Bedürfnissen entspricht. Die Beschäftigung mit der Psychologie des Wohnens bringt Ihnen mehr Klarheit und einen persönlichen Bezug zu Ihren Vorstellungen und hilft Übernommenes und Eigenes auseinanderzuhalten.

Vielleicht sind Sie es einfach auch nicht gewöhnt, Dinge an Ihre Bedürfnisse anzupassen, weil Sie es nicht kennen oder dachten, dass Ihnen dazu die Möglichkeiten fehlen.

12 bis 24 Punkte
Der Mensch, der sein Zuhause mit einem Hut verwechselte

Wohnen ist Ihnen nur insofern wichtig, als Sie einen Abstellplatz für Ihre Dinge benötigen und Ihre Grundbedürfnisse be-

friedigen wollen. Eine von außen anregende Atmosphäre macht Ihnen mehr Freude, als diese selbst zu gestalten. Sie könnten sich individueller in Ihrem Leben einrichten, aber fragen sich, wofür ... Vielleicht fehlt Ihnen das Interesse am eigenen Wohnen, weil Sie diese Bedürfnisse nach Wohlbefinden in anderen Bereichen des Lebens realisieren. Ihre Wohnung könnte eine Problemquelle sein, die sich auf Ihr soziales Leben erstreckt und weit über die Fragen der Einrichtung hinausgeht.

Der Test kann wie jedes psychologische Testverfahren nur in grobe Raster einteilen und polarisiert stark. Es macht also nichts, wenn Sie sich nicht exakt wiederfinden. In jedem Menschen stecken auch sich widersprechende Kräfte und Ideen, sie sind ein Zeichen für Lebendigkeit.

Bedürfnisse des Wohnens —

My home is my castle

Es gibt essenzielle Werte, die für jeden Menschen zum Wohlbefinden beitragen: Das sind Sicherheit, Nähe, Ruhe und die Möglichkeiten zu einem Rückzugsbereich. Sie bestimmen bewusst oder auch unbewusst die Gestaltung unseres Wohnraumes. Deshalb ist es wichtig, dass wir herausfinden, welchen Stellenwert sie in unserem Leben haben, damit wir uns ein authentisches Zuhause schaffen können.

Sicherheit

Meiner Erfahrung nach entstehen die meisten Wohn- und Einrichtungskonzepte aus einem inneren, oft unbewussten Konzept der Sicherheit.
Es gibt so viele Sicherheitskonzepte, wie es Menschen gibt, und doch lassen sich die meisten auf wenige Grundformen zurückführen.
Fritz Riemann, ein brillanter Psychologe des letzten Jahrhunderts, hat in seinem Longseller und Standardwerk »Grundformen der Angst« Typen skizziert, die ich mit dem ihnen zugehörigen Wohnkonzept ergänze.

Nähetyp

Das Weltbild des Nähetyps ist überaus stark an Beziehungen orientiert, an denen das eigene Glück hängt und die Angst vor der Individuation, also der Selbstwerdung. Dieser Typ sucht seine Sicherheit in Familie, Freunden, Arbeitskollegen und gerät durch Gefährdung dieser Beziehungen (oder was er dafür hält) in Unsicherheit. Der Nähetyp vermeidet den Konflikt und wird an einem harmonischen Wohnkonzept zu erkennen sein und auf der Ausrichtung an Gästen und Zusammengehörigkeit. In der Partnerschaft kann es schnell passieren, dass der Nähetyp nachgibt, obwohl er sich mit dem Einrichtungskonzept des Partners nicht wohlfühlt. Der Nähetyp ist sehr gefühlsbezogen und daher auch schwankend oder hin- und hergerissen.

Distanztyp

Er ist das Gegenteil des Nähetyps. Distanztypen nehmen weniger Notiz von der Meinung der Umwelt, da sie sich in erster Linie um ihre eigene Achse drehen. Beziehungen sind schon wichtig, aber sobald ein Mensch zu nahe kommt, fürchten sie um den Selbstverlust. Auch Menschen, die eigentlich Nähetypen sind, aber Verletzungen vorbeugen wollen, kompensieren ihr eigentliches Bedürfnis zum Schutz nach außen gerne im zur Schau gestellten Distanztyp. Den Distanztyp erkennt man in seiner Art, sich einzurichten, an einer Ausrichtung auf sich selbst, an vielen Büchern oder an Errungenschaften aus anderen (geistigen oder fernen) Welten. Er ist eher ein männlich-egoistischer Typ.

Dauertyp

Er sucht seine Sicherheit in der Tradition, dem Bewährten. Veränderungen werden erst einmal gescheut, er ist eher vergangenheitsorientiert. Der Dauertyp ist auf klare Struktur und Sicherheit fixiert. Das Wertbeständige und Verbindliche macht den wichtigsten Faktor in der Auswahl einer Einrichtung aus. Seine große Angst ist die Veränderung, die Furcht vor der lebendigen Anpassung an immer wieder neue Lebenssituationen und Lebensabschnitte. So wird sich dies auch in einer bodenständigen, stabilen und qualitätsorientierten Einrichtung niederschlagen. Die neuesten Designerlaunen wird man hier kaum finden, ebenso wären wackelig-luftige Konstruktionen gar nicht sein Ding, sondern Stabilität in jeder Hinsicht. Hier ist eine geerdete Qualität zu finden,

er ist solide, anständig und rechtschaffen.

Veränderertyp

Der Veränderer ist als Gegenpol zum Dauertyp die luftigste Variante. Er hat Angst vor Stillstand, vor Normalität und vor zu wenig Aufmerksamkeit seiner Umwelt. Daher wird er dafür sorgen, dass er immer wieder die Aufmerksamkeit erhält. Langeweile breitet sich bei ihm schnell aus und daher ist er auch der kreativste Typ, der gerne mal die Normen sprengt und Reformen anzettelt. Ihm wird die Liberalität zugerechnet, solange er genug davon bekommt. Seine Einrichtung wird dementsprechend außergewöhnlich oder exzentrisch sein, seine Objekte Einzelstücke oder Sonderanfertigungen und sein Stil jedenfalls das Gegenteil dessen, was von ihm erwartet werden würde. Kitsch neben echten Preziosen darf hier nicht stören. Hauptsache, sein Konzept bleibt ungewöhnlich und er hat genug Platz für unverbindliche Veränderung.

Nähetyp

→ Definition über Beziehung
→ Aggressionshemmung
→ Angst vor Individuation
→ Braucht ein Zuhause, um Schutz und Geborgenheit zu finden

Dauertyp

→ Definition über Beständigkeit und Verbindlichkeit
→ Angst vor Kontrollverlust und Veränderung
→ Braucht ein Zuhause, um Werte zu sichern, Tradition zu wahren

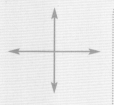

Veränderertyp

→ Definition über Aufmerksamkeit
→ Angst vor Verbindlichkeit und Endgültigkeit
→ Braucht ein Zuhause, um zu repräsentieren
→ Exzentrisch, witzig, außergewöhnlich

Distanztyp

→ Definition über Wissen, Sachen
→ Angst vor Selbstaufgabe
→ Braucht ein Zuhause, um sich zu separieren
→ Braucht Offenheit und Unabhängigkeit

Beim Durchlesen ist Ihnen bestimmt zu fast jeder Beschreibung ein nahestehender Mensch eingefallen, der diesem Typus entspricht. Noch spannender ist es, sich selbst in dieses System zu stellen und auch die Menschen, mit denen man den Wohnraum oder Arbeitsplatz teilt. Lesen Sie die Typbeschreibungen noch einmal und dann tragen Sie in die folgende Grafik Ihre Selbsteinschätzung ein. Die Entfernung von der Mitte zeigt die Intensität, sodass Sie sich in einem Feld oder auf einer Linie finden können. Lassen Sie sich dabei von Ihrem ersten Impuls tragen:

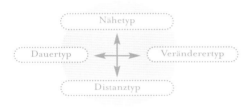

Mit einem Stift in einer anderen markanten Farbe ergänzen Sie nun spontan Ihre Einschätzung Ihres Partners, Ihrer Bürokollegen oder Ihrer Kinder. Überlegen Sie auch hier nicht lange, sondern entscheiden Sie intuitiv aus dem Bauch heraus.

→ Welche unterschiedlichen Bedürfnisse und Weltbilder werden sichtbar?
→ Was kann das für Ihr Zusammenleben oder für ein gemeinsames Büro heißen?
→ Welche Lösungsmöglichkeit für eventuelle Konfliktfelder ergibt sich aus dem Verständnis der Unterschiedlichkeit?

Eine Tatsache muss bei der Deutung beachtet werden: Kompensation spielt beim Erscheinungsbild eine große Rolle. Denn ein *Nähetyp*, der verletzt wurde, versucht sich zu schützen und gibt sich daher wie ein Distanztyp. Er kompensiert sein Schutzbedürfnis und zeigt sich unabhängig und nicht auf Bezugspersonen angewiesen. Im Kern bleibt die Schutzbedürftigkeit und die Abhängigkeit.

Auch beim *Dauertyp* gibt es die kompensierte Variante, weil, ähnlich wie beim Nähetyp, die Kompensation gesellschaftsfähiger ist. Wer lässt sich nicht gerne von einem begeisternden und kreativen Veränderertyp mitreißen, anstatt sich an einem konservativen Menschen zu orientieren?

Betrachten Sie Ihr Schaubild noch einmal unter dem Aspekt der möglichen Kompensation und überlegen, ob sich daraus vielleicht andere Aspekte ergeben.

Nähe

Als Säuglinge sind wir nackt, hilflos und völlig auf liebende Bezugspersonen angewiesen. Mit Nahrung allein ist es nicht getan; wir brauchen Berührung, Ansprache und Nähe. Unser ganzes Leben ist geprägt von diesem ersten Kontakt und diesem Erlebnis der Nähe und manchmal brauchen wir auch ein ganzes Leben, um schlechte Erfahrungen damit aufzuarbeiten.

Die Psychologie lehrt uns unterschiedliche Distanzbedürfnisse von Menschen. Im Durchschnitt liegt dieses bei etwa einer Armlänge Entfernung. Diese Abstände stecken eine Art Revier ab, wie wir es von manchen Tieren kennen. Es ist wichtig, dass wir unsere eigene Grenze kennen und auch die von anderen respektieren. Wenn uns jemand zu nahe kam, wurde wahrscheinlich genau diese Grenze überschritten.

Die Wohnung mit einem anderen Menschen zu teilen, dessen Eigenheiten und Eigenarten auszuhalten und sich damit hautnah auseinanderzusetzen, erfordert Toleranz und auch den Mut, sich und den anderen zu konfrontieren. Man muss sich trauen, sich dem anderen zuzumuten!

In einer Wohnungseinrichtung spiegelt sich das Nähebedürfnis im Abstand der Gegenstände im Raum oder im Regal.

→ Hat jeder einzelne Gegenstand Platz und Raum für sich oder bekommt er kaum Luft zum Atmen?

→ Sind die Dinge in lockeren Gruppen zu einzelnen Inseln zusammengestellt oder dicht aufeinander, als enger und scheinbar undurchdringbarer Block aufgereiht?

→ Sind die Möbel als Einzelstücke im Raum sichtbar oder fix eingebaut und mit Boden, Wand und Decke nahtlos verbunden?

Der Abstand zwischen den Dingen spiegelt unseren Umgang mit Nähe und Distanz. Manche Menschen kommen, allein wohnend, mit 20 m² aus, andere benötigen mindestens 80 m² für sich. Der Stellenwert des eigenen Freiraums ist einfach sehr individuell. Schauen Sie sich unter diesem Aspekt Ihre eigenen vier

Wände einmal an: Was erzählt Ihnen Ihr Wohnraum?

Ruhe

Ruhe ist heute ein Luxus. Sie ist durch nichts zu ersetzen. Der Körper braucht die Ruhe und der Geist sehnt sich danach und schaltet zwangsweise ab, wenn er sie nicht bekommt. Es wäre so einfach, sich in den eigenen Wänden einen Ruhebereich zu gestalten oder sich wenigstens jeden Tag für einige Minuten nur der Stille hinzugeben und bedächtig zu hören, was der Körper sagt, ohne gleich aktiv zu werden.

→ Wie viel Ruhe benötige ich für das Auffüllen meiner Batterien?
→ Wie bekommt ein Außenstehender mit, dass ich meine Ruhe haben will?
→ Wie sieht mein persönlicher Rückzugsbereich in der Wohnung aus?
→ Welche Einflüsse oder Faktoren lösen das Gefühl der Ruhe bei mir aus?

Textilien wie Teppiche und Vorhänge können einen Lebensraum stiller machen, dicht schließende Türen schützen zusätzlich. Doch das Entscheidende ist, welchen Stellenwert Ruhe für unser Leben hat. Wenn wir in uns das Bedürfnis nach Ruhe kennen, werden wir es im Außen, sprich in unserem Lebensraum, auch umzusetzen versuchen. Viele versuchen jedoch, Stille zu vermeiden, weil sich schnell ein Gefühl von Einsamkeit einstellt. Dann ist es wichtig, sich damit auseinanderzusetzen und zu erforschen, was daran Angst macht.

Rückzugsbereich

Einen Bereich oder ein Zimmer zu haben, das man sein Eigen nennt und wo man Freiheiten hat, die sonst in der Gemeinschaft nicht möglich sind, ist weder selbstverständlich noch wirklich alt. In manchen Kulturen ist diese Vorstellung bis heute eher unbekannt. Wer kein eigenes Zimmer gewohnt ist, dem fällt sein Fehlen oft auch gar nicht auf. Das eigene Zimmer wurde in den vergangenen Jahrhunderten erst durch das Bildungsbürgertum und unseren Reichtum in den »zivilisierten« Regionen modern und selbstverständlich. In Bauernhöfen gab es den Alkoven (eine Art Bettnische oder Schrankbett mit Holzverkleidung an den Seitenwänden) als einzigen individuellen Rückzugsbereich. Der Rest des Hauses war Gemeinschaftsraum oder Zweckbereich.

Dabei wurde stets den Männern mehr Möglichkeit zugestanden, einen eigenen Bereich zu haben, wie z. B. seit den 1970er-Jahren einen Bastelraum oder einen Musikkeller. Heute wird dieser Bereich freilich ersetzt durch einen Kinoraum. Auf die Bedürfnisse vieler Frauen wird dabei nicht so selbstverständlich eingegangen. Ein wenig sind sie selbst dafür verantwortlich. Bis heute erlebe ich bei Hausbauplanungen, dass Frauen oder Mütter gar nicht auf die Idee kommen, einen eigenen Bereich zu beanspruchen.

Die Möglichkeit, sich zurückziehen zu können, ist eine Art, ins Lot zu kommen. Für viele Menschen ist das:

→ ungestörtes Musikhören,
→ ein Sitzplatz mit Blick in die Natur,
→ Lesen oder Schreiben,
→ sich künstlerisch ausdrücken,
→ Sport machen,
→ basteln oder heimwerken,
→ spielen.

Wichtig dabei erscheint mir, dass es keines großen Aufwands bedarf, diesen Beschäftigungen nachzugehen. Ideal wäre es, wenn sogar ständig ein Platz, sei er auch noch so klein, dafür zur Verfügung stünde.

Beispiel:

Frau H. war die letzten Jahre »nur Mutter« und sehnte sich nach dem Auszug der Kinder nach einem eigenen »Damenzimmer«. Zeitlebens war alles auf praktische Gesichtspunkte ausgerichtet gewesen und deshalb die Gestaltung im Haus nüchtern und zweckmäßig gehalten. Erst ein Gespräch unter vier Augen brachte ans Tageslicht, dass sich Frau H. eigentlich nach dem Mädchenzimmer sehnte, das sie selbst mit drei Schwestern nie gehabt hatte. Der erste Entwurf mit einem kuschligen Teppich zum Barfußgehen, einem Stoffbett und Schiebevorhängen mit Rosen darauf gefiel ihr auf Anhieb. Eine kleine Schminkkommode und ein kleiner Sekretär rundeten das Damenzimmer harmonisch ab. Frau H. war glücklich, weil sie eine ihrer Fantasien verwirklichen durfte, die sie sich vorher nie zugestanden hatte.

→ Wie sieht für mich der Raum des Rückzugs aus?

→ Welche Tätigkeit bewirkt für mich das innere »ins Lot Kommen«?

→ In welchen Situationen brauche ich das besonders?

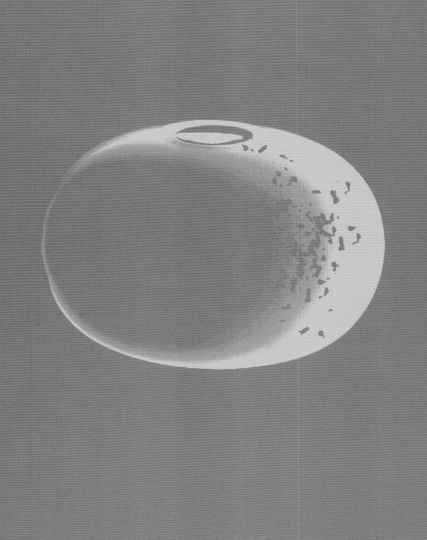

Entdeckungsreise im eigenen Zuhause –

Jedem Raum eine Seele geben

Körperwahrnehmung

Im Folgenden möchte ich Sie einladen, sich mit mir auf eine Entdeckungsreise zu begeben, Ihr eigenes Zuhause neu mit anderen Augen zu sehen und auf sich wirken zu lassen. Man kann es sich ungefähr so vorstellen, als würde man versuchen, die eigenen vier Wände zum ersten Mal und völlig unbefangen zu sehen und neu zu erspüren.

Ein besonders gut dafür geeigneter Zeitpunkt ist die Rückkehr nach einer längeren Urlaubsreise. Eine solche Rückkehr können Sie sich auch mental vorstellen, bevor Sie mit der Übung beginnen. Im ersten Moment nach dem Öffnen der Haustür sehen wir unwillkürlich unser eigentliches Zuhause mit einem ungetrübten Blick.

Die Reihenfolge der einzelnen angegebenen Schritte ist nur ein Anhaltspunkt. Sie finden schnell selbst heraus, welches Vorgehen stimmig und sinnvoll für Sie ist. Machen Sie sich Notizen, denn Sie werden verblüfft sein, was Sie alles herausfinden. Diese Erkenntnisse und Gefühle auf einem Papier stehen zu haben, ist sehr wichtig. Alle, die diese Reise bisher gemacht haben, haben gestaunt, welche spontanen Einfälle Ihnen kamen und wie der Instinkt sie geleitet hat.

Achten Sie bei Ihrem Rundgang möglichst genau auf die Empfindungen Ihres Körpers. Unsere Körperhaltung und unsere Atmung sind z. B. ziemlich feine Instrumentarien, die zeigen, wie es uns wirklich geht. Man kann sich beispielsweise vorstellen, in einen dunklen und engen Keller zu gehen, der Körper wird spontan mit hochgezogenen Schultern, eingezogenem Kopf und einer eingeschränkten Atmung reagieren. Enge macht Angst, denn das Wort Angst kommt von Enge (lat.: angustus = eng).

Genauso verändert sich die Körperempfindung, wenn man an einen frischen, sonnigen Morgen im Urlaub denkt und die Fenster zur Terrasse öffnet, um auf das Meer zu sehen und die warme Luft zu genießen. Der Körper wird mit entspannter Haltung und einer verstärkten Atmung reagieren. Weite und Freiheit drücken sich unmittelbar im Körper aus und bringen uns in einen anderen Modus der Empfindung.

Ähnlich verhält es sich bei Chaos und Ordnung oder Schmutz und Sauberkeit. Nur ist dabei die Reaktion individuell.

Wertschätzung

Der entscheidende Schritt, den man zu gehen hat, ist, jede Wertung und Beurteilung außen vor zu lassen. Dabei spielt es keine Rolle, ob man sein eigenes Heim begutachtet oder ein fremdes Haus. Hier geht es um Wertschätzung und Be-gut-Achtung. Man beachte die »Achtung«, die in diesem Wort vorkommt, und das Wort »gut«.

Falls man in der eigenen Wohnung Veränderungen vornehmen will, ist es hilfreich, zuerst das Vorhandene anzuerkennen und dessen Wert zu würdigen. Es gab schließlich einmal einen guten Grund, die Einrichtung so zu wählen und die Dinge so aufzustellen, wie man es tat. Deshalb ist es wichtig, das auch zu schätzen, was man einmal für gut betrachtet hat, auch wenn man heute anders darüber denkt und der Gegenstand oder die Art zu wohnen innerlich nicht mehr zu einem gehört. Es geht also darum, die eigenen Bedürfnisse zu erkennen und sie mit der äußeren Gestaltung in Einklang zu bringen. Der Prozess vollzieht sich im Inneren und findet seinen Ausdruck im Äußeren.

Nun geht es los!
Entscheidend für das Wirkenlassen ist:
→ die Erlaubnis an mich selbst, die Gefühle zuzulassen,
→ eine feine Beobachtung für das, was passiert,
→ das Vertrauen auf die erste Eingabe, die erste Inspiration, den ersten Gedanken. Wichtig ist, den Gedanken nicht auszudiskutieren mit sich, sondern ihn gelten zu lassen, auch wenn er nicht plausibel oder richtig oder sinnvoll erscheint.

Eingangssituation

Ein Eingang soll den Besucher oder Bewohner vor dem Wetter schützen und den Gast empfangen. Man verlässt den öffentlichen Raum, um in einen intimen und individuellen Bereich einzutreten. Dabei kann die »Pforte« in diesen Übergang eine Zuflucht sein und willkommen heißen oder abweisend wirken.

→ Zunächst stellt man sich vor den Haus- oder Wohnungseingang und sieht einmal ganz genau hin. Man lässt nun die Situation auf sich wirken und schaut mit den Augen eines Besuchers, der sich zum ersten Mal einen Eindruck verschafft.
→ Wie werde ich empfangen, wie viel optischen Raum erhält die Ein–

gangssituation? Wie einladend ist der Eingang, wie reizvoll ist eine Begegnung mit dieser Situation? Welche Anmutung vermitteln die Materialien, welche die Farbgebung?

→ Finde ich mich als ahnungsloser Neuankömmling zurecht?

→ Wie mache ich mich bemerkbar als Besucher?

→ Wie viel Platz wird dem Ankommen eingeräumt und was passiert, wenn ich nicht allein oder mit Gepäck eintreffe?

→ Stehe ich im trockenen und geschützten, hellen und gepflegten Äußeren, falls ich warten muss?

→ Worauf stelle ich mich als Besucher ein, wenn ich diesen Eingang wahrnehme?

→ Wie viel vom Inneren kann ich schon wahrnehmen und was erwartet mich dort?

Empfang

Ein erster Raum im Haus soll einstimmen und einladen, aber auch Funktionen erfüllen. Wenn ich in meinem Zuhause ankomme, ist eine Garderobe sinnvoll, um Kleidung und Schuhe abzulegen, Ein-

kaufstaschen oder Gepäck abzustellen und einen Platz für Schlüssel und wichtige Accessoires wie Handy oder Portemonnaie zu haben. Dabei ist es gleichgültig, ob ich Bewohner oder Gast bin.

→ Wie viel Platz wird für das Ankommen eingeräumt (Durchschleuse oder Empfang)?

→ Wie viel Platz ist optisch und tatsächlich für Besucher vorhanden?

→ Welche Anmutung erhalte ich von den verwendeten Materialien und Farben?

→ Wie ist der Übergang vom Äußeren-Öffentlichen zum Privaten gestaltet?

→ In welchem Licht werde ich empfangen?

→ Wie viel Sicherheit vermittelt dieser erste Raum als Trennung vom Außen?

→ Wie schafft es dieser Bereich, mich auf das Innere einzustimmen oder zu locken?

Wohnraum

Der Wohnraum oder das Wohnzimmer ist der Vorzeigeraum in den meisten Wohnungen oder Häusern.

In ihm wird gewohnt, also Gewohntes getan. Dabei ist meist der entspannende Teil des Lebens wie Lesen, Sitzen und Unterhalten, Fernsehen, auch Essen gemeint. In den letzten Jahrzehnten hat sich die Nutzung des Wohnzimmers gewandelt und ist gerade wieder dabei, seine Bedeutung zu verändern. Bis in die 1980er-Jahre war es eher üblich, nach dem Essen mit den Gästen in das Wohnzimmer zu gehen, um sich dort auf der Couch zu unterhalten.

Seit den 1990er-Jahren spielt sich das meiste Leben mit Gästen rund um den Esstisch ab. Die Couch im Wohnzimmer bleibt den Bewohnern für die private Nutzung oder für gemeinsame TV-Erlebnisse oder zum Lesen.

Wenn der Wohnraum also zum Entspannen dient und mehr für das eigentliche »Wohnen ohne Funktion« steht, stellen sich folgende Fragen:

→ Wie empfängt mich der Raum als Gast?

→ Wohin schaut die Couch – in den Raum oder aus dem Raum hinaus?

→ Wie dominant sind Polstermöbel im Vergleich zu Kastenmöbeln?

→ Für wie viele Personen ist ein Sitzplatz vorhanden?

→ Wie viel Freiraum bleibt zwischen den Gegenständen?

→ Wie viel Nähe und Emotionalität bietet der Raum und seine Einrichtung?

→ Wie sehr kann ich mich gehen lassen und die Kontrolle abgeben und mich tatsächlich erholen oder entspannen?

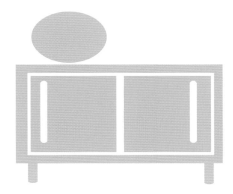

Essbereich

Der Essbereich nimmt in den meisten Wohnungen einen sehr dominanten Platz ein. Dabei spielt die Größe nicht unbedingt eine Rolle. Vielmehr ist es den meisten Menschen wichtig, hier Freunde oder die Familie zu treffen, sich zu unterhalten und bei einem Glas Wein einen schönen Abend zu verbringen.

Die viel gepriesene gemütliche »Wohnküche« ist ursprünglich eine Erfindung aus der Not. In Bauernhäusern der vergangenen Jahrhunderte war es nur in der Küche immer warm. So entstand der Essplatz um einen oft quadratischen Tisch. In der Mitte fand sich eine Vertiefung für das Essen, das jeder mit dem mitgebrachten oder in einer Schublade deponierten Löffel zu sich nahm. Eine Schüssel kam erst später und noch später einzelne Teller für jeden Esser. Lange wurde der Löffel nach dem Essen abgeleckt und wieder in die Schublade gelegt. Mit dem Aufkommen des Bürgertums änderten sich die Gewohnheiten in Richtung höfisches Vorbild. Ein Speisezimmer zu haben erinnerte an die großen Prachtsäle der Schlösser und Burgen und war lange Zeit unbezahlbar für einfache Menschen.

Heute erlebt der Essplatz mit einer Eckbank wieder eine Renaissance wie in den Zeiten der Wohnküche im Bauernhaus um 1800 herum. Der kommunikative und gemütliche Aspekt wird also wieder höher eingeschätzt als der repräsentative. Hier stellen sich folgende Fragen:

→ Wie einladend erscheint der Essplatz?
→ Für wie viele Personen bietet er Platz im Verhältnis zu den tatsächlichen Bewohnern?
→ Welche Materialien wurden verwendet und wie korrespondieren sie mit Genuss und Sinnenfreuden?
→ Welche Ruhe strahlt der Platz aus?
→ Welchen Füllgrad an Einrichtungs- oder Dekorationsgegenständen hat der Raum?
→ Wie viel Platz bleibt für die Gäste, die Bewohner und deren Geschichten und Erlebnisse?
→ Wie ist der Essbereich angelegt? Ergibt der Bereich eine Runde mit gleichen Rangstellungen oder eine Tafel mit Platzierungen?
→ Wie viel Schutz bietet der Essplatz, psychologisch, thermisch und energetisch?

Küche

Für Hobbyköche mag es eigenartig klingen, aber eine funktionierende und gut ausgestattete Küche ist kein Standard in deutschen Wohnungen. Immer mehr Menschen kochen nur selten oder gar nicht. Dies muss nicht heißen, dass fehlendes Kochinteresse eine schlecht ausgestattete Küche bedingt. Die exklusivsten Designerküchen werden auch manchmal nur zum Kaffeekochen verwendet. Die Küche ist der Ort, der die Fähigkeit zur Sinnesfreude spiegelt.

Fragen zur Küche, die zu stellen sich lohnen:

→ Inwieweit stimmt das subjektive Alter der Einrichtung mit der tatsächlichen Jahreszahl überein?

→ Wie viel Wert wird auf Funktionalität oder dekorative Schönheit gelegt?

→ Welche Form der Härte strahlt der Raum mit seinen Einrichtungen aus (Bodenbelag, Möbel, Grad der Technisierung, Wände)?

→ Welcher Farbeindruck und welche Materialanmutung stellt sich ein?

→ Wie aufwendig ist es, mit dem Kochen zu beginnen?

→ Wie appetitlich ist es, sich hier aufzuhalten und Nahrung zuzubereiten?

Bad

Das Bad hat sich vom notwendigen Raum für Bedürfnisse zu einem Aufenthaltsraum entwickelt. Im Bad verbrauchen wir mitunter die meiste Energie im Haus für eine angenehme Temperatur, für warmes Wasser und auch für große Helligkeit.

Neben der Küche ist ein Bad auch der Bereich, der technisch am aufwendigsten und teuersten ist. Mit modernen Wellnessausstattungen angereichert, kann man sehr viel Geld in diesen Tempel der Reinlichkeit und des Wohlbefindens investieren. Neben dem tatsächlichen Schmutz, von dem wir uns befreien, ist es auch der pflegende Aspekt, der im Bad in den Vordergrund rückt. Nicht zu vergessen ist das innerlich Reinigende, wenn warmes Wasser auf uns prasselt und die vielen Gedanken und Sorgen abspült. Im Bad sind wir am wenigsten geschützt, weil oft unbekleidet und dadurch besonders empfänglich, aber auch empfindsam.

→ Wie einladend ist das Bad, um sich in völliger Sicherheit zu wiegen und sich der Pflege hinzugeben?

→ Wie sauber und aufgeräumt ist es, damit Platz für mich ist?

→ Wie viel Platz wird dem notwendigen (z. B. Dusche) und dem Luxus (z. B. Wanne) eingeräumt?

→ Wie schaffen es die verwendeten Farben, dass ich mich sicher, warm und geborgen fühle?

Schlafzimmer

Das Schlafzimmer galt von jeher als Ort der Ruhe und des Rückzugs in intime Bereiche. Da man mehr oder weniger nackt und meist wenig aufmerksam oder wach ist, ist der Schlafbereich eine Schutzzone. Der Albtraum der meisten Menschen ist es, im Schlaf von Einbrechern gewalttätig überrascht zu werden. Hier herrscht die größte Hilflosigkeit und die größte Ohnmacht.

Im Schlafzimmer erholt man sich und den Körper vom Tagwerk, aber meist ist das Bett auch der Ort für Intimität und Sexualität. Natürlich nicht der einzige, aber der von den meisten Menschen bevorzugte Ort. Erfüllte Sexualität ist mit hoher Aufmerksamkeit gekoppelt, Schlafen dagegen mit Loslassen. Beide Anforderungen unter einen Hut zu bringen, ist oft nicht ganz einfach.

Jeder sollte daher selbst bewusst entscheiden, inwieweit ihm die Mischung von Fernsehschauen, Computern, Sex und Abschalten im Schlafraum wirklich guttut.

Halbe Bibliotheken oder Videotheken im Schlafzimmer, Arbeitsunterlagen und Heimkinoinstallationen sind daher ein Zeichen für Angst vor Kontrollverlust. Die Fragen, die wir uns zum Schlafbereich stellen können:

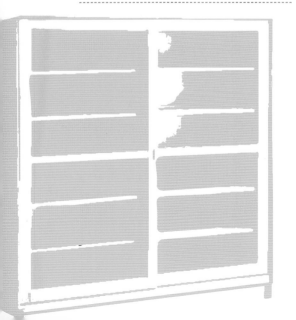

→ Wie einladend ist mein Schlafbereich, um loszulassen, zu entspannen und mich zu erholen?

→ Wie viel Ablenkung brauche ich,
um den Tag zu beenden, und mit
welchen Eindrücken übergebe ich
mich der unbewussten Steuerung
meines Körpers?

→ Mit welchen Eindrücken und welcher Raumatmosphäre wache ich
morgens auf und beginne den
Tag?

→ Wie einladend ist dieser Bereich
für Intimität und Sexualität?

→ Mit welchem Raumklima und welcher Atmosphäre lädt es zum Loslassen ein?

→ Wie ist das Licht gestaltet? Aus-
leuchtend für den Kleiderschrank
oder heimelig für eine kuschelige
Atmosphäre?

Arbeitszimmer

Sofern man ein Arbeitszimmer oder einen Arbeitsbereich hat, ist es eine Überlegung wert, wie das Verhältnis Privatleben und Arbeitsleben sich vermischen darf oder sogar zusammengehört. Von der Energie wäre es eher ratsam, Dinge zu trennen, die zur Arbeit oder zur Entspannung gehören. Manchmal geht das aber nicht oder man will es nicht.

Ich habe für mich beschlossen, dass es in meinem Haus einfach vollkommen arbeitsfreie Bereiche gibt, und Sie können sich sicher vorstellen, dass das bei einem Einrichter nicht so einfach ist. Es heißt für mich, dann auch keine Wohnzeitschriften oder Bücher über Themen wie Wohnen und Psychologie herumliegen zu lassen. In der Arbeit soll die Aufmerksamkeit auf die Arbeit gerichtet werden, denn jeder weiß, wie negativ sich Unaufmerksamkeit oder Zerstreutheit auf die Zielerreichung auswirken können. Wir wünschen uns, dass ein Pilot, in dessen Maschine wir sitzen, bei Start und Landung maximal aufmerksam handelt. Jeder Fehler wäre verhängnisvoll. Was wäre, wenn wir genauso konzentriert und fokussiert arbeiten würden? Gerade zu Hause, wo unsere Zeit eigentlich für uns sein soll?

Und andererseits gibt es Berufe, in denen eine gewisse Inspiration notwendig oder

erwünscht ist. Was für andere als Chaos erscheint, ist für den Einzelnen eine durchdachte oder zumindest gut organisierte Ordnung. Fragen, die wir uns zum Arbeitsbereich zu Hause stellen können, sind daher:

→ Wie konzentriert sind die Arbeitsmittel und Unterlagen in dem dafür vorgesehenen Bereich?

→ Wie hoch ist der Grad der Funktionalität meiner Hilfsmittel (Elektronik, Licht, Greifbarkeit von Unterlagen …)?

→ Wie viel Vorbereitung ist notwendig, um beginnen zu können?

→ Wie viel Nacharbeit ist nötig, um die Arbeit beenden und wieder aufnehmen zu können?

→ Wie gut sind Störeinflüsse von mir abgeschottet (Lärm, laufendes Fernsehgerät oder Musik, Telefon, andere Menschen …)?

→ Wie lange dauert es, mich einzustimmen und die Arbeit einzuteilen und einzuschätzen?

Terrasse, Balkon

Das Stück Freiheit in der Natur auf einer Terrasse oder einem Balkon scheint den meisten Menschen heilig zu sein. Die Bestimmung oder der Zweck einer Terrasse ist die Entspannung in der Natur, das Zusammensein mit Freunden oder Familie, Genießen und Spielen. Hier tauchen ähnliche Fragen wie beim Essplatz auf:

→ Wie viel Raum wird den einzelnen Funktionsbereichen (Essen, Entspannen, Grünpflanzen …) eingeräumt?

→ Wie hoch ist der Aufwand tatsächlich, die freie Zeit im Grünen genießen zu können? Steht alles bereit oder muss geräumt und aufgebaut werden?

→ Welche Energie strahlt der Ort aus, um an ihm zur Ruhe zu kommen?

→ Wie hoch ist die Wahrscheinlichkeit der Störung?

Keller, Abstellraum

Keller und andere dunkle Räume und der Umgang damit steht für die eigenen dunklen Bereiche. Hier sammelt sich meist das Ungeliebte, Alte und Verbrauchte. Früher war der Keller häufig der Vorratskeller mit Eingemachtem und Lager für Brennstoffe. Der Inhalt war daher eher auf die Zukunft ausgerichtet. Unsere heutigen Keller sind voll mit Dingen, die wir oft nicht mehr brauchen und die so nur Ballast darstellen. In diesem Sinn kann man sich folgende Fragen stellen:

→ Welche Art von Dingen habe ich in meinem Keller?

→ Was wäre, wenn alles auf einmal verschwinden würde?

→ Wie gehe ich mit seelischem Ballast im Allgemeinen um?

→ Wie leicht fällt es mir, zu verzeihen und loszulassen und mit dem Nachtragen aufzuhören?

→ Wie groß wäre die Überwindung, den Keller aufzuräumen und zu entrümpeln?

→ Darf Helligkeit in den Keller und die dunklen Inhalte ans Licht bringen?

Beispiel:

Frau M., Mutter einer behinderten und erwachsenen Tochter machte die Entdeckungsreise in ihrem eigenen Haus. Seit einigen Jahren lebte Sie mit der Tochter allein und die beiden hatten ihr Leben aufeinander eingestellt.

Nach der Entdeckungsreise teilte sie mir mit, dass ihr auffiel, dass sie das gesamte Ambiente im Haus auf die längst vergangene Kinderzeit der Tochter eingestellt hatte. »Dadurch wurde mir klar, dass ich mich immer wieder in die Vergangenheit zurückversetzte und sie auch nicht loslassen konnte.« Selbst wegen der Behinderung der Tochter wäre es nicht notwendig gewesen, den Haushalt auf ein kleines Kind auszurichten. Kurzerhand entfernte sie die alten Bilder, legte ein schönes Album dafür an und trennte sich von unnötigen Dingen. »Ich fühlte mich so befreit und konnte den früheren Schmerz und die enttäuschten Hoffnungen von damals endlich ablegen.«

Durch die Entdeckungsreise im eigenen Haus war ihr etwas aufgefallen, was auch Besucher oder gute Freundinnen nicht wirklich wahrgenommen hatten.

Mein individuelles Zuhause —

Das »Ich« leben

Sich zu Hause zu fühlen ist deutlich mehr, als eine Abstellmöglichkeit für die eigenen Dinge zu haben. Das Gefühl, zu Hause zu sein, stellt sich auch nicht nur aus der Gewohnheit ein, sondern ist geprägt von dem Gefühl, hier »richtig«, geborgen und sicher zu sein. Das Zuhause ist wie eine emotionale Plattform, von der aus wir unser Leben mit allen Freuden und Enttäuschungen meistern können. Es bietet uns den Rückzugsort, den wir brauchen, um Intimität, Nähe zu uns selbst und den uns wichtigen Menschen leben zu können und Distanz von der restlichen Welt um uns herum zu schaffen.

Das Zuhause schafft unsere Identität mehr als unsere Kleidung; im gleichen Maße wie unsere Sprache. Oder schafft unsere Identität unser Zuhause? In jedem Fall erzählt unsere Art, uns im Leben und zu Hause einzurichten, die Geschichte unserer Kindheit, unserer Gegenwart und oft auch noch die der Zukunft.

Ich bin überzeugt, dass in unserem Unbewussten bereits in Kindertagen festgelegt ist, wo und unter welchen Umständen wir uns wohlfühlen. Daher gibt es auch das Phänomen, dass wir ein unbekanntes Haus betreten und uns spontan geborgen fühlen. Auch, wenn wir uns selbst nicht auf diese Art einrichten würden, meldet unser Instinkt sein Wohlgefallen an der Raumqualität, die im Grunde für jeden spürbar ist.

Wenn es uns obliegt, diesen Raum zu gestalten, wird es meist sehr viel schwieriger. Wir können viel eher die Wirkung einer Einrichtung oder eines Raums beschreiben, als genau diese Stimmung selbst kreieren, ohne das »Original« nachzumachen. Die eigenen Farben, die eigenen Formen und die eigenen Proportionen zu finden, fällt den meisten schwerer. Und doch spüren wir es gleich, wenn es uns »geschieht«. Ein Zuhause zu schaffen, ist also wie der Zugriff auf unser Unbewusstes.

Dieses Aufspüren eines nichtbewussten Inhalts wird uns durch vielerlei Einflüsse verstellt. Die Werbung in den Printmedien und Tausenden von Bildern, die wir durch das Fernsehen aufgezwungen bekommen, kann uns zu Kreativität anregen, aber auch den Zugang verstopfen. Es gilt, den Zugang zu den eigenen Bildern zu finden.

Nur manche können durch die Anregung von außen auch wirklich Neues schaffen, wie dies ein berühmter Modemacher als sein Geheimrezept einmal definierte: »Alles ansehen, alles wieder vergessen und dann etwas Eigenes machen.«

Meine persönlichen Wohlfühlfaktoren

Wenn wir eine Wohnung bewusst einrichten, richten wir uns für das Leben ein und gestalten unsere Umwelt nach unseren Bedürfnissen. Doch wie funktioniert das, das Eigene zu finden? Wie finde ich *mein* Geheimrezept?

Der entscheidende Kern eines echten authentischen Zuhauses ist der Prozess der Aneignung und der Individuation. Die Psychologie definiert den Prozess der Individuation als den Weg zu einem eigenen Ganzen. Es geht dabei um die Entwicklung, die einen Menschen zu dem macht, was ihn in Wirklichkeit ausmacht und wie er seine Anlagen und Fähigkeiten entwickelt. Das Eigene, Einmalige zu erkennen und sich dessen bewusst zu werden ist das Ziel dieses Prozesses. Für mich ist das Einrichten immer ein Aneignen der Umwelt. Durch meine Art der Gestaltung sieht es »nach mir« aus und meine Handschrift ist zu erkennen.

Vielleicht wird Ihnen klarer, was ich damit meine, wenn ich erkläre, wie meine jetzige Wohnungseinrichtung zustande kam. Ich versuche, alle Überlegungen, die ich anstellte und die bei mir unbewusst abliefen, zu verbalisieren und nachvollziehbar zu machen.

Zunächst schicke ich voraus, dass mir das Einrichten und Wohnen als meine Berufung so wichtig ist, dass mir eine große Wohnung lieber ist als ein teures Auto. Daher kann ich mir die Großzügigkeit einer über 100 m² großen Wohnung leisten und muss Abstriche bei anderen Bedürfnissen machen. So viel Raum für mich zu haben, hat einfache Gründe: Ich habe zwei ältere Brüder und wir hatten immer ein eigenes Haus, aber als ich fünf Jahre alt war, hatte unsere Mutter unser Zuhause in einen Einrichtungsladen umgebaut. Dafür bin ich ihr heute dankbar. Seit ich denken kann, war Einrichten und Gestalten mein Übungsfeld. So war aus unserem kleinen Reich ein Showroom geworden. Aber die Kehrseite der Medaille war, dass wir leider kaum noch einen privaten Rückzugsbereich hatten. Ich kenne also von Kindesbeinen an die Vermischung von Privatem und Geschäftlichem. Wir waren durch diese Konstellation weder richtig zu Hause noch ernsthaft im Geschäft.

Meine Bedürfnisse heute sind von der zwiegespaltenen Situation von damals geprägt: Meine Wohnung hat wenige Wände, um flexibel sein zu können und meinem Drang, etwas zu verändern und umzustellen, nachgehen zu können. Sie hat ein Arbeitszimmer, in dem viele berufliche Bücher lagern und alle die Arbeiten erledigt werden, die nicht privat sind. Eine Schiebevorhangwand grenzt diesen Bereich von den anderen recht offen gehaltenen Räumen ab. Ich mag die fließenden Übergänge, brauche aber immer wieder Bereiche, die ich für mich »unöffentlich« nutzen kann, zum Beispiel mein Nähzimmer, in das nicht einmal Freunde dürfen. Nach meinem Abitur habe ich eine Schneiderausbildung gemacht und war auf einer Designakademie. In meinem Nähzimmer liegen alle unfertigen Ideen, Entwürfe und Versuche. Ein kleines Chaos wie damals im Zelt unter meinem Kinderhochbett.

Da ich durch mein Einrichtungshaus fast zehn Stunden am Tag Menschen um mich habe, ziehe ich es vor, zu Hause meine Ruhe- und Kraftinsel zu genießen und aufzutanken. Daraus ergab sich ein Einrichtungsstil, der sehr horizontal und ruhig aufgebaut ist, also mit vielen waagrechten Linien, die durch das Liegende der Gestaltung Ruhe erzeugen. Dazu kommen wenige warme Farben und ein Stil schlicht-reduzierter Aufgeräumtheit. Um die Eindrücke je Raum nicht zu überfrachten, gibt es in einem Zimmer höchstens zwei auffällig gestaltete Bereiche: beispielsweise eine farbige Wand und ein gestaltetes Highlight wie einen Kunstgegenstand oder ein Teppich mit Dekoration. Hinzu kommt noch eine außerge-

wöhnliche Lichtlösung, die die Betonung im Raum neu akzentuiert.

Ein Mehr an Gestaltung empfinde ich für mich als Überfrachtung und macht mich unruhig. Das liegt bei mir möglicherweise auch daran, dass ich eher zum kreativen Chaos neige als zur zwanghaften Ordnung. Mit dieser Spielart der Kompensation (schlicht-reduzierte Aufgeräumtheit im Außen versus kreatives Chaos im Innern) komme ich durch äußere Einflüsse zur Ruhe und finde zu mir selbst zurück. Dadurch stellt sich Geborgenheit ein und ich fühle mich zu Hause.

Viele meiner Kunden glauben, dass ich immer wieder die Möbel austausche, weil ich sozusagen an der Quelle sitze. Das stimmt nur sehr begrenzt. Nachdem durch einen Wasserschaden mein geliebter runder Esstisch völlig aufgequollen und unansehnlich geworden war, kaufte ich einen neuen Tisch, stellte aber fest, dass die alten Stühle mit ihren Rundungen nicht mehr zum neuen, eher eckigen Tisch passten. Also mussten neue Stühle her, die mit dem Tisch harmonierten. Vielleicht hätte ich, ohne meine Möglichkeiten, den neuen Tisch nach den alten Stühlen ausgesucht. Aber mir war das neue Lebensgefühl mit dem neuen, optisch viel leichteren Tisch dann doch wichtiger. Hier war eine innere Entwicklung vom Stabilen, Schweren hin zum Leichten, Filigranen geschehen, die ich selbst erst durch die erzwungene Veränderung bemerkte. Der erste Tisch war aus meinen Anfangsjahren, als ich mich noch jung und unerfahren fühlte; ein stabiler geselliger Tisch hat diese Unsicherheit für mich ausgeglichen. Nach über zehn Jahren war ich innerlich gefestigter und sicherer, daher durfte es auch leichter und filigraner sein. Die Kompensation war nicht mehr nötig.

Natürlich handelt es sich um eine vereinfachte Darstellung, denn Gefühle und Emotionen sind bei allen Menschen weit komplexer und selten mit einfachen Erklärungen rational darzustellen. Doch diese Art der Verbalisierung hilft, um an innere Bilder zu gelangen, die uns oft unzugänglich sind. Unser Kopf ist so geschult, dass er unser Bauchgefühl unterbuttert, weil er viele vernünftige Gründe parat hat. Es geht darum, dass wir lernen müssen, unserem Urinstinkt zu vertrauen, um eine Echtheit zu erreichen.

Man kann für einen Augenblick zur Ruhe kommen, die Augen schließen und das Bauchgefühl auf die nun folgenden Fragen antworten lassen.

→ Wie habe ich mir als Kind eine Traumwohnung, ein Traumhaus vorgestellt?
→ Welche Ideen von dieser Vorstellung konnte ich verwirklichen?
→ Welche Ideen haben sich bis heute verändert?

Beispiel:

Durch eine berufliche Veränderung musste Herr K., achtundvierzig Jahre jung und allein lebend, in eine andere Stadt umziehen. Bis jetzt liebte er einen Landhausstil, der ihm aufgrund seiner Herkunft Sicherheit durch Anlehnung an traditionelle Werte gab. Die Erinnerung an Dinge, die der Großvater schon hatte und auch den Eltern gefielen, gab ihm einen Rückhalt. Durch den Tod der Mutter und den Umzug hätte er noch massiver an den alten Werten festhalten können. Seine Lebensumstände hatten aber inzwischen gar nichts mehr mit dem früheren Zustand zu tun. Er war in einer Landwirtschaft am Dorf aufgewachsen und heute arbeitete er in einer Apotheke in der Stadt. Nach langen Überlegungen und ermutigt durch eine Beratung ließ er fast alle Erinnerungen zurück und richtete sich völlig neu ein. Sein eigener Stil war viel moderner, leichter und frischer. Das viele Holz aus Kindertagen mochte er immer noch, aber eine alte Truhe, ein Esstisch mit Nussbaumplatte und ein Holzparkett reichten ihm aus, um die neue Wohnung nicht zu hölzern und damit in seinen Augen steif werden zu lassen. Wände, die in leichter Farbigkeit auf die Bilder harmonisch eingingen, eine weiße Couch und ein weiß lackiertes Sideboard kannte er aus Kindertagen nicht. Aber heute schien ihm diese Art viel stimmiger zu seinem jetzigen Lebenskonzept zu sein. Er hatte sich entwickelt und früher geglaubt, dass er sich und seine Herkunft vom Land verraten würde, wenn er sich ändert. Dadurch, dass er dies in der Beratung ausgesprochen hatte, fiel die ganze Last des schweren Erbes von ihm ab. Ihm wurde klar, dass seine Familie nur wollte, dass er glücklich ist, und die Wahrung der alten Werte war ihm innerlich nie verloren gegangen, aber dafür musste er nicht mehr in der Vergangenheit leben.

Ein Raum heißt uns willkommen

Subjektiv empfundene Wohnqualität entsteht durch den Faktor des Wohlfühlens. Nur was genau ist Wohlfühlen und wie kann man es erreichen?

Das Wort »wohl« kommt aus dem Altger-

manischen, ist verwandt mit dem englischen »well« und gehört zum Begriff »wollen«. »Es bedeutet demnach eigentlich erwünscht, nach Wunsch«, heißt es im Herkunftswörterbuch des Duden. Wohlfühlen meint also sich fühlen wie erwünscht.

Sich wohlzufühlen ist das eigentliche Ziel der Wohnpsychologie und daher lohnt es sich, herauszufinden, was man dazu braucht. Einige Fragen können Klarheit verschaffen:

→ Wie wohl und willkommen fühle ich mich in meinem Zuhause?
→ An welchen Kriterien mache ich mein persönliches Wohlfühlen fest?
→ Welche Bedingungen im Raum machen mein Wohlfühlen aus?
→ Wenn mir eine Fee für ein Projekt Geld zur Verfügung stellen würde, was würde ich mir aussuchen, um mein Wohlgefühl zu steigern?

Angenommen, die Einrichtungsgegenstände eines Partners, mit dem man zusammenziehen will, gefallen einem nicht. Sie erinnern an etwas Unangenehmes, das nicht genauer verbalisiert werden kann. Bei näherer Erforschung merkt man, dass Assoziationen an die Möbel einer strengen Großmutter ausgelöst werden. Weder die Einrichtung an sich noch der auserwählte Partner bedingen das Unwohlsein, dennoch hat die Kombination von beidem große Bedeutung. Solche Verkettungen laufen oft unbewusst und oft auch ungewollt ab und sind äußerst wirkungsvoll. Wenn wir uns ihrer bewusst werden, können wir einen Weg finden, sie zu lösen. Das Hinterfragen und Erkennen ist der erste Schritt. Wir nehmen unsere Emotionen in Bezug auf eine bestimmte Situation wahr, lassen sie da sein und achten genau darauf, welche anderen Assoziationen bei uns aufsteigen. Wir haben den Schlüssel des Rätsels in uns selbst, doch müssen wir ihn auch finden wollen. Was zusammengefügt wurde, kann auch wieder getrennt werden. So, wie der Gegenstand mit dem Gefühl scheinbar unzertrennbar verbunden wurde, kann man die Verkettung auch schrittweise wieder lösen.

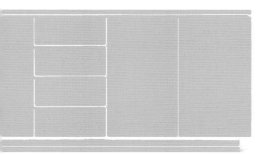

Die Macht der Gewohnheit

Sicher kennt man die Diskussion, ob in einem Wohnzimmer das Fernsehgerät zentral und dominant aufgestellt werden darf oder am besten in einem Möbel mit einer Tür davor verschwinden muss. Viele halten Technik im Wohnbereich für ohnehin schon zu dominant und wollen die Geräte gerne verstecken. Dahinter verbirgt sich oft ein Zurschaustellen der Unabhängigkeit von der Technik. Wer gibt schon gerne zu, dass er Abend für Abend vor dem Fernseher verbringt und für wenig anderes noch Zeit und Lust aufbringt? Laut Statistik verbringt der Deutsche im Durchschnitt mehr als drei Stunden täglich vor dem Bildschirm. Dazu muss jeder selbst entscheiden, was wirklich wichtig für sein Leben ist. Beim Wohnen kommen diese Lebensprioritäten jedoch ganz deutlich zum Vorschein.

Interne Ranglisten steuern unser Verhalten. Meist ist uns unbewusst klar, welche Eigenschaften Priorität für unsere Auswahl haben. Dies gilt nicht nur für komplexe Verhaltensmuster, sondern auch für einfache Entscheidungen.

Wenn wir beispielsweise einen Gegenstand aussuchen, hegen wir eine Vorstellung davon, welche Eigenschaften das Produkt haben soll und welche uns davon so wichtig sind, dass es sich bei ihrem

49

Fehlen um Ausschlusskriterien handelt. Würde man eine Couch kaufen, die einem zwar nicht zu 100 % gefällt, aber preiswert ist und einen strapazierfähigen Bezug hat?

Vielleicht, wenn es sich um die Couch im Gästezimmer handelt und man schnell eine benötigt. Würden wir eine Couch kaufen, weil wir sie wunderschön finden, aber in Kauf genommen werden müsste, dass man nicht so bequem darauf sitzen oder lümmeln kann?

Bei jeder Entscheidung spielen diese internen Ranglisten der Prioritäten eine tragende Rolle.

→ Welche Prioritäten setze ich in meinen Räumen?

→ Was bedeutet das für mein Wohlgefühl?

→ Wenn ich diese Prioritäten ändern wollte, wo würde ich beginnen und was wäre mir am wenigsten wichtig?

→ Stimmt meine Idee, wie ich Prioritäten setze, mit der Realität überein? Wie gehe ich damit um?

Perfektionismus

Hinter den meisten Tugenden steckt ein innerer Anspruch an Perfektion, also an eine ungewöhnliche und überdurchschnittliche Leistung, den man zunächst an sich stellt und oft insgeheim gerne gewürdigt sehen möchte. Wo liegt der tiefere Grund für diese hohen oder extremen Ansprüche?

Zuerst sind die eigenen Ansprüche von der Außenwelt geprägt worden. Hinter vielen übertriebenen Erwartungen (an sich selbst und andere) verbirgt sich ein antreibender Elternteil oder das Bestreben, dessen Anerkennung zu gewinnen. Es ist etwa so wie das Gefühl, es nie recht machen zu können. Trägt man aus der Schule eine Zwei nach Hause, heißt es: »Eine Zwei, wieso nicht eine Eins?« Oft wird die alte und im Über-Ich gespeicherte Botschaft ins Unbewusste verdrängt und kann dadurch im Schatten unbemerkt wirken und antreiben.

Wenn die Perfektion aus einem selbst hervorkommt, ist es der Versuch, etwas Absolutes zu erreichen. Die meisten, die diesen Versuch starteten, wissen, dass dies sehr aufwendig sein kann und ein hoher Preis dafür bezahlt werden muss. Der Perfektionsdrang ist eine Art innerer Zwang und hat seine Ursache meist in der Angst. Angst, zu versagen, nicht genug zu sein, nicht genügend Anerkennung zu finden, oder Angst, das komplexe Leben nicht zu bewältigen. Der Übergang von einem normalen Verhalten zu Perfektionsdrang ist fließend. Im Folgenden möchte ich einige beliebte Themen konkret beleuchten:

Was Sauberkeitsfanatiker gerne machen

Straßenschuhe sofort an der Türe ausziehen, täglich Staubwischen und Saugen, statt Haushaltsreiniger Desinfektionsmittel verwenden, unter jeden Gegenstand Schoner, Deckchen oder Untersetzer unterlegen ...

Der psychologische Hintergrund eines Putzwahns ist ein Schuldthema oder eine Unzufriedenheit mit dem Leben allgemein. Der Putzwütige versucht, seine »schmutzigen« Gedanken oder eine andere subjektive moralische Verfehlung zu kompensieren.

Was Ordnungsfanatiker gerne machen

Bücher im Regal nach dem Alphabet zurechtrücken, Schuhe im Schuhschrank nach Linien und dem Zentimetermaß ausrichten, Fächer im Einpersonenhaushalt beschriften, T-Shirts nach Farben im verschlossenen Schrank sortieren, Parfümflaschen nach Größen sortieren.

Es geht hier wohlgemerkt nicht um einen gewöhnlichen Ordnungsbegriff oder dass man so etwas mal macht, sondern um Ordnung der Ordnung halber und sinnlose Ordnung oder ständige Wiederholungen.

Auch hier liegt der Hintergrund in einer Angst, für fehlbar gehalten zu werden oder etwas nicht im Griff, nicht unter Kontrolle zu haben. Die Folge eines solchen Verhaltens ist die fehlende Lebendigkeit und ständige Angst vor dem Kontrollverlust. Sicher kommt auch ein hoher moralischer Selbstanspruch dazu, der an anderer Stelle völlig scheitert und kompensiert wird.

Perfektion kann schnell zur Geisel werden, vor allem, weil es so anstrengend ist, einen perfekten Zustand zu halten. Ihn einmal herzustellen mag noch Spaß machen. Sich keine Blöße geben zu wollen und immer einen absoluten Anspruch aufrechtzuerhalten, driftet in zwanghaftes Verhalten ab.

Veränderungsmanager begegnen diesen starren Verhaltensmustern mit einer kleinen Geschichte, die ich nur kurz erzählen möchte: Es war einmal ein kleiner Elefant in einem Zirkus, der mit einem Strick an einem Stab angebunden war. Die Länge dieses Stricks war für ihn die ganze Welt. Nur im Radius des Stricks konnte er die Welt erkunden. Da er noch nicht kräftig genug war, konnte er weder den Stab aus der Erde ziehen noch den Strick zerreißen. So vergingen die Jahre und der kleine Elefant wurde größer und kräftiger, aber immer noch war er an diesem Stab mit diesem Strick angebunden. Die Welt war für ihn immer noch die gleiche – nicht größer als die Stricklänge es erlaubte – und so lief er wie immer im Kreis und beschränkte sich auf diese kleine Fläche. Er wäre längst kräftig genug gewesen, um den Stab aus der Erde zu ziehen oder den Strick zu zerreißen, doch hatte er sich bereits damit abgefunden, dass die Welt so ist. Aus fehlendem Mut verzichtete er auf die Erkundung der Welt und schöpfte seine Möglichkeiten nicht aus.

Die Angst, etwas Neues und Unerwartetes zu entdecken oder mit einem unerwarteten Verhalten die Umwelt zu erstaunen, ließ ihn weit hinter seinen Fähigkeiten zurückbleiben.

Verhalten wir uns auch manchmal so wie der kleine Elefant? Nutzen wir alle Möglichkeiten, die uns zur Verfügung stehen, oder hindert uns die Angst? Wie viel von dieser Angst ist tatsächlich begründet und wie hoch ist der Anteil an unserem Glaubenssatz, der uns weismacht, dass etwas so ist? Dazu passen folgende Fragen:

→ Welche Rolle spielt Perfektion in meiner Wohnung?
→ Welche Auswirkungen sind dadurch für andere sichtbar?
→ Was würde passieren, wenn ich die Grenze meine Zwanglosigkeit/Zwanghaftigkeit neu setzen würde?

Echte Entspannung schaffen

Wer darin geübt ist, sich zu entspannen, braucht nicht mehr als eine Fläche von 100 x 200 cm oder einen Stuhl. Denn die Entspannung findet durch eine Hinwendung nach innen statt und ist von äußeren Faktoren unabhängig.

Trotzdem ist es durchaus auch sinnvoll, ruhige und entspannende Wohnsituationen zu schaffen, und das ist mehr als eine kreative Idee: Es ist ein Konzept, wenn die Wohnung auf Entspannung und sinnliche Ruhe ausgerichtet ist.

Mehrere Faktoren prägen den optischen Eindruck eines Raums:
→ Gestaltungsprinzip
→ Orientierung an Linien
→ Orientierung des Blicks
→ Optisches Gleichgewicht
→ Materialien
→ Abstände
→ Farbe und Farbigkeit
→ Beleuchtung
→ Wiederholungen

Wenn man sich entscheidet, einen Raum oder einen Bereich so einzurichten, dass er zur Entspannung einlädt oder entspannend wirkt, gilt es wieder, sich eigene Gedanken zu machen, was Entspannung für uns bedeutet. Natürlich kann man nachlesen, dass Blau und Grün eher entspannend wirken als Rot und Gelb. Doch vielleicht fühle ich mich besonders in dunklem Rot geborgen und ausgeglichen und gerade Blau macht mich kalt, weil ich ohnehin Angst vor Wasser habe und schnell friere; man muss sich selbst auf die Suche machen und herausfinden, was einem guttut.

Wer dazu eine Orientierungshilfe sucht, kann aus dem Erfahrungsschatz der Profis schöpfen:

Gestaltungsprinzip

Von 1975 bis etwa Ende der 1980er-Jahre war Design eher gotisch orientiert. Gotisch in diesem Sinn meint aufstrebend, eine schlanke Silhouette, geringe Materialstärken, sichtbare senkrechte Linien, schmale Türen, seitlich bündige Abschlüsse.
Die neuere Orientierung ist eine liegende: flach, breite Silhouette, große Materialstärken, sichtbare waagrechte Linienführung, breite Schiebetüren, überstehende Abdeckplatten.
Die liegende Orientierung macht einen ruhigeren Eindruck und lässt uns eher an ein Gefühl in einem Spa denken als an nervenaufreibende Geschäftigkeit.

Orientierung an Linien

Optische Ruhe entsteht, wenn sich die Höhen der Gegenstände an den vorhandenen horizontalen Linien orientieren: Fenster- und Türhöhen, Schalterhöhen, Heizkörperlinien. Diese gedachten Höhenlinien sind unveränderbar. Man kann sie aufgreifen und sich daran orientieren, das heißt, dass Möbelstücke in gleicher Höhe abschließen sollten.

Bilder sollten nicht höher als Türoberkanten hängen, sofern sie ein größeres Format haben. Kleinere Bilder ergeben einen ruhigen Eindruck, wenn man gleiche Formate aussucht und mehrere nebeneinander als Gruppe hängt. Die Höhe sollte dann Augenhöhe = Bildmitte sein, damit die Bilder nicht optisch wegfliegen, sondern einen Bezugspunkt haben.

Orientierung des Blicks

Um einen ruhigen Eindruck zu erhalten, ist es notwendig zu prüfen, wohin sich der Blick richtet. Muss in einem Zimmer viel untergebracht werden und man will das Zimmer trotzdem aufgeräumt und geräumig erscheinen lassen, sollte der erste Blick von der Tür aus auf eine Situation gerichtet sein, die Ruhe ausstrahlt. Ein volles Bücherregal passt dann besser an die Wand hinter der Tür.

Die zweite Ausrichtungsmöglichkeit ist der Blickwinkel von den Hauptaufenthaltsplätzen. Der Platz, der am meisten benutzt wird, also z. B. die Couch, sollte den Ausblick nicht auf die Schrankwand haben, sondern auf die Fensterfront oder eine andere ruhige Situation.

Optisches Gleichgewicht

Ein optisches, ausgewogenes Gewicht zu schaffen, heißt, auf den Füllgrad und die Farbgewichtigkeit innerhalb eines Raumes einzugehen und für Ausgleich zu sorgen. Wenn also in einem Raum eine helle Regalwand mit viel freiem Platz davor vorhanden ist und am anderen Ende eine rote Couchlandschaft auf einem dunklen Teppich, entsteht ein Ungleichgewicht. Das ist nicht verkehrt, aber es sorgt für eine Spannung, weil der Couchbereich optisch etwa dreimal so schwer »wiegt« wie der Rest des Raums. Dies kann gewünscht sein, aber für eine ruhige Gestaltung ist ein heller Teppich doch vorteilhafter und erzielt eine ausgleichende Wirkung. Genauso verhält es sich bei schweren Möbeln versus filigranen Stücken. Das »Gewicht« sollte berücksichtigt werden.

Eine winzige Leuchte über einer mächtigen Tafel schafft Spannung, eine zu mächtige Lichtkonstruktion macht aus dem Tisch eine prächtige Festtafel oder »erschlägt« den Tisch.

Materialien

Je glatter Materialien sind, desto ruhiger ist ihre Wirkung auf den Raum. So weit die einfache Faustformel für eine entspannende Optik. Als Kontrast dazu fällt mir immer der körnige Rauputz der 1970er-Jahre ein, der recht rustikal und unruhig wirkt. Eine ähnliche Wirkung hat rustikales Holz.

Bei jeder Wahl der Materialien ist es wichtig, dass nicht jede Spannung verloren geht. Wenn ausschließlich glatte Materialien verwendet werden, wirkt es schnell »geleckt« und verliert an Ausdruck.

Abstände

Große Abstände und Freiflächen lassen Großzügigkeit aufkommen und bieten Platz für inneren Freiraum. Ruhe kehrt ein, wenn kleine, ähnliche Dinge zu einer Gruppe zusammengefasst werden (Bilder, Dekoration oder Bücher) und große Gegenstände als Einzelstücke mit größerem Abstand wirken dürfen. Wichtig ist dann, dass nicht alles zu einer »Soße« zusammenfließt, sondern die Abstände eine Gruppe erkennen lassen.

Die richtige Distanz ist wieder vom optischen Gewicht im Raum abhängig.

Farbe und Farbigkeit

Dunkle Hölzer, dunkle Böden und gedämpfte Farben regen mehr zur Ruhe an als helle Farben. Ruhe ist ein Gestaltungsprinzip des Schweren, Genügsamen und Stillen. Wie viel einem davon guttut, ist ein Experiment. Bunte Karos oder senkrechte Streifen wirken jedenfalls sicher als unruhige Komponente. Starke Kontraste ebenso.

Harmonisch werden Farbzusammenstellungen, wenn man zarte Kontraste aus der gleichen Farbfamilie in unterschiedlichen Nuancen zusammenstellt.

Starke Farben und bunte Kontraste erzeugen eine Lebendigkeit und versetzen in starke Regung. Wo liegt das richtige Maß für mich?

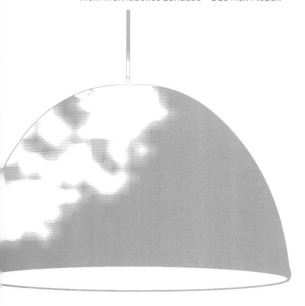

zen in einem dunklen Raum aus, wo Licht benötigt wird, damit es gemütlich wirkt und hell genug erscheint. Wichtig ist, dass dunklere Stellen, aber keine komplett dunklen Bereiche entstehen. Entscheidend kann sein, zu beachten, wo man vorwiegend hinsieht: Das Sichtfeld liegt im Stehen in einem Bereich der Augenhöhe. Große Helligkeit in einer Höhe von 2,60 cm zu schaffen, bringt daher wenig für eine Leseecke.

Wiederholungen

Drei gleich große Bilderrahmen wirken ruhiger als drei unterschiedliche Größenformate. Zwei Stühle mit Armlehnen wirken an einer Tischseite besser als eine gemischte Aufstellung mit solchen ohne und solchen mit Armlehne. Die Wiederholung und Regelmäßigkeit eines Elements suggeriert die leichte Ordnung und Disziplin. Etwa wie ein General, der die Reihe der tadellosen Kadetten abschreitet.

Mehr Vielfalt bringt grundsätzlich mehr Spannung. Die Gesamtzusammenstellung entscheidet, was ein Zuviel darstellt und wo eventuell etwas Spannung nicht schadet, um eine Langeweile zu vermeiden.

Beleuchtung

Eine Ruhe ausstrahlende Beleuchtung arbeitet mit wenig Deckenlicht, wenigen optischen Highlights und setzt verstärkt auf den Grundsatz: Licht statt Leuchte.

Dies meint, dass das Licht, das eine Leuchte wiedergibt, viel wichtiger ist als an dieser Stelle ein aufsehenerregendes Lichtobjekt. Das Licht sollte punktuell eingesetzt werden und einen bestimmten Bereich ausleuchten, jedoch nie großflächig strahlen oder gar blenden.

Um das zu erforschen, simuliert man den Stromausfall und probiert direkt mit Ker-

Beispiel:

Familie M. wandte sich an mich, um ein Wohnzimmer in einem Sechzigerjahre-Bungalow umzugestalten und einen Wintergarten anzubauen. Eine fast beiläufige Aussage, die mir vom ersten Beratungsgespräch noch in den Ohren klang, habe ich mir besonders eingeprägt: »Wir wollen es hell und ruhig.« Nicht nur durch die Enge sah der ursprüngliche Raum sehr durcheinander aus, sondern auch durch Mustermix, in Jahrzehnten angesammelte Souvenirs und übervolle Regale. Ich plante gegenüber der neuen Glasfront eine offene Bibliothek im dunklen Bereich des Raums. Dazu regte ich eine dimmbare, aber sehr helle Beleuchtung der Bücherfronten an. Der Elektriker erklärte uns immer wieder, dass diese vielen Lichtquellen völlig übertrieben seien und der Anschluss in der Mitte des Raums ausreiche. Mein Kunde verließ sich aber auf meinen Rat.

Als die Bücherregale der Bibliothek eingeräumt waren, standen wir vor dem neuen Raum, der eine Oase der Ruhe darstellte, und der Kunde meinte: »Genau so wollte ich es haben und ich bin froh, dass wir die aufwendigere Lösung gewählt haben.« Sogar der Elektriker war verblüfft über die optische Ausweitung des eigentlich kleinen Raums und die neu gewonnene Großzügigkeit.

Der Kunde hatte zu Beginn des Umbaus zwar die erwünschte Wirkung in seinem Gefühl, aber keine Klarheit, was getan werden muss, um diese Wirkung zu erreichen. Nur das Vertrauen in eine unkonventionelle Lösung erbrachte das erwünschte Ergebnis. »Genau so wollte ich es haben!«

Hier liegt meines Erachtens auch das Geheimrezept der Wohnpsychologie: Das dahinterliegende Bedürfnis zu erspüren und nicht nur auf das zu hören, was gesagt wird, sondern vielmehr darauf achten, was gemeint ist.

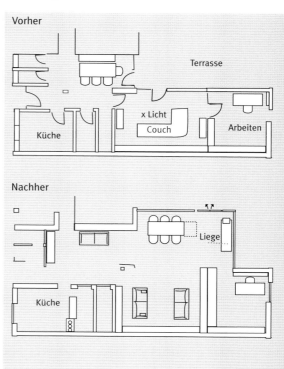

Im Anfang liegt alles —

Die Archetypen des Wohnens

Der Zeitpunkt des ersten Atemzugs eines Lebewesens bestimmt eine prägende Zeitqualität. In der Kraft des Aufbruchs des Frühlings geboren zu werden, hat eine andere Qualität als die Sommerhitze.

Das Wissen um diese »Grundenergien« ist der große Erfahrungsschatz über die Archetypen, wie sie der große Psychologe Carl Gustav Jung bezeichnet hat.

Archetypen gibt es und gab es in jeder uns bekannten Kultur, ob bei den Inkas, Mayas oder den alten Ägyptern. Alle hatten sie in Symbolen und Bildern gedacht und geschrieben.

Selbst wenn jemand das archetypische Denken völlig ablehnt, kennt und lebt er mit den wichtigsten und ursprünglichsten archetypischen Bildern der Menschheit – dem Prinzip Frau – Mann. Auch die zwölf Sternzeichen stellen Archetypen dar und zeigen an, mit welchen Themen wir uns auseinandersetzen müssen. Sternzeichen sind Symboltiere, die uns zeigen, was mit dem dahinterliegenden Prinzip gemeint ist.

Das Beispiel des Steinbocks kann dies verdeutlichen. Der Steinbock ist das (Stern-) Zeichen für das Saturnprinzip. Er lebt in einer kargen felsigen Landschaft unter harten Bedingungen. Er muss sich, wie die in diesem Sternbild Geborenen, sein Auskommen hart erarbeiten und kommt oft nur langsam zum Erfolg. Aber er ist auch dafür prädestiniert, weil er hartnäckig ist, kämpfen kann und Struktur und Ordnung in die Rangordnung seiner Welt bringt. Zu ihm gehören daher auch die typischen kargen Landschaften, die Farbe Anthrazit und der Stein. Nüchternheit, Sparsamkeit, Pragmatismus und Rationalität passen in das Bild des einsamen Steinbocks, der sich mit der harten Realität seines Umfelds in aller Konsequenz auseinandersetzen muss.

Solche Assoziationsketten machen es leichter, bestimmte Erscheinungen zuzuordnen.

Gemäß den zwölf Urprinzipien hat jeder Archetypus seine Priorität, seine Entwicklungsfelder und damit auch seine Bedürfnisstruktur. Wie oft missverstanden, schreibt der Archetypus keine feste Charaktereigenschaft zu, sondern zeigt ein Thema an, das bearbeitet werden soll.

Die vier Elemente

Der Ursprung der Archetypen liegt in den vier Elementen, deren Bilderwelten viele Tausend Jahre alt sind und die Menschen schon immer beeinflusst, beeindruckt und verändert haben. Die zwölf Archetypen werden daher auch den vier Elementen zugeordnet: In der Antike ging man davon aus, dass zunächst die Elemente Wasser, Feuer, Erde und Luft geschaffen wurden und daraus alle Geschöpfe und auch die Menschen entstanden. Natürlich besteht jeder Mensch aus einer individuellen Mischung der Energien der Elemente. Unsere Sprache zeigt diese verwurzelten Zusammenhänge in einem feurigen Typen, einem Luftikus oder einem erdverbundenen Menschen.

Wasser

Das Element Wasser steht symbolisch als Prinzip für die Seelenebene, die Gefühle und die Empfindungen. Auch das Unbewusste wird durch das Prinzip Wasser symbolisiert. Im Sinne der Urprinzipien ist es die Verkörperung des weiblichen Prinzips, also der Hingabe, des Aufnehmens, aber auch des Gebens und Schenkens. Diese Aspekte assoziieren wir positiv. Wasser als reinigende Kraft kann jedoch auch als radikale und massive Kraft der Veränderung auftreten, beispielsweise, wenn man an Überschwemmungen oder Wasserschäden beim Wohnen denkt. Der Mond ist eine typische Verkörperung dieser weiblichen Wasser-

qualitäten. Er spielt rein physikalisch eine bedeutende Rolle für die Erde und ist verantwortlich für die Gezeiten und viele Rhythmen, die das Leben entscheidend beeinflussen (Menstruation, Schwangerschaft usw.). Besonders für das Wohnen ist die Stellung des Mondes als Stellvertreter für diese weiblichen Qualitäten ausschlaggebend. Er zeigt, wie man dieses Prinzip realisiert.

In den Archetypen werden die Sternzeichen Skorpion, Krebs und Fische dem Element Wasser zugeordnet. Es geht hier also um die übergeordnet-weibliche Qualität der Seeleneigenschaften. Alle drei Sternzeichen gelten als besonders gefühlsbetont, manchmal auch dem launigen Lauf der Gefühle ausgesetzt.

Feuer

Das Element Feuer steht symbolisch für die radikale und transformierende Veränderung. Das Licht, die Lebenskraft, die Aktion, das männliche Prinzip und die zielgerichtete Kraft werden ihm zugeordnet. Die Sonne verkörpert diese Energie und wird von uns sowohl positiv als auch negativ betrachtet, weil sie das Leben erst möglich macht, aber als radikale Kraft des Feuers auch zerstörerisch wirken kann.

Dem Element Feuer werden die Sternzeichen Löwe, Schütze und Widder zugeordnet, diese drei gelten als archetypisch männlich, was Dominanz, Stärke und Ausdruck anbelangt.

Erde

Das Element Erde stellt symbolisch die Materie dar, den Besitz und die Nahrung. Im übertragenen Sinn ist die Erde das mütterliche Prinzip, das für Fruchtbarkeit, Schutz und Geborgenheit steht. Der Stier als Sternzeichen verkörpert diese Qualitäten und neben den als positiv empfundenen gibt es auch noch den Aspekt der Macht und des Kampfes. Wenn man dabei an Mütter denkt, die ihre Kinder schützen und verteidigen, ist klar, dass auch dieser Aspekt dazugehört. Auch die Sternzeichen Jungfrau und Steinbock zählen zu diesem archetypisch weiblichen Prinzip.

Luft

Das Element Luft ist die reinigende Kraft, die das Alte wegfegt und Frische bringt. Symbolisch steht sie für das Immaterielle, die Gedanken und die mentalen Kräfte, aber auch für die Freiheit und die Weite. Die Kommunikation steht übergeordnet als Verkörperung dieses Geistes. Das Sternzeichen Wassermann, der eigentlich ein Wasserträger ist und den Geist auf die Erde bringt, wird dieser Energie zugeordnet, aber auch die Waage und der Zwilling. Als Übertreibung dieses männlichen Prinzips steht der Luftikus, der Mensch, der mit beiden Beinen fest auf einer Wolke steht und Luftschlösser baut.

Wie bei allen Einteilungen geht es nicht um eine abgegrenzte Ordnung. Hajo Banzaf, ein sehr bekannter Astrologe, beschrieb dies folgendermaßen: »C. G. Jung spricht von vier Bewusstseinsfunktionen und macht deutlich, dass es nicht darum geht, sich in der Beschreibung eines Typen wiederzufinden, sondern zu erkennen, dass wir im Lauf unseres Lebens alle vier Funktionen zur Entfaltung bringen sollen.«

Mit unseren kausalen Denkweisen könnten wir leicht zu dem Schluss kommen, dass die Ursache eines Typs in der Wirkung des Prinzips liegt. Das würde also heißen: Weil jemand im Sternzeichen Widder geboren ist, verhält er sich auf eine bestimmte Art und Weise. Doch so ist es nicht gemeint. Es geht darum, die Themenfelder aufzuzeigen und daher die Synchronizitäten, also die Dinge, die zeitgleich auftreten. Das meint, wenn jemand

Widder ist, dass er sich mit den Prinzipien Eroberung, Tatendrang und Impuls auseinandersetzen muss. Das muss nicht heißen, dass er sich automatisch so verhält, denn er kann auch genau das Gegenteil tun, weil er an diesen Themen hängen blieb oder durch die Macht dieser Anlagen gelähmt ist. Nur wird er sicher ein Thema mit diesen angelegten Impulsen haben. Wie er sie lebt, ist eine andere Geschichte und darüber trifft nur eine ganzheitliche Schau aller Komponenten, die zu einem Charakter führen, eine sinnvolle Aussage.

Jeder wird mir zustimmen, dass Männer nicht gefühllos sind. Nur, was sie von ihren Gefühlen zeigen, ist manchmal etwas ausschnitthaft und überschaubar.

Oder man denke an das Thema Kompensation. Hier wird klar, dass außen und innen oft nicht übereinstimmen und dies der Betreffende selbst oft nicht bemerkt. Mit anderen Worten: Eine voreilige Zuordnung oder Wertung ist wenig sinnvoll und bringt kein stimmiges Ergebnis.

Die zwölf Archetypen

Im Folgenden versuche ich, die zwölf Archetypen zu skizzieren und die Themenfelder der darin enthaltenen Energie des Wohnens aufzuzeigen. Wichtig zum Verständnis und zur eigenen Orientierung ist die Erkenntnis, dass wir immer Mischtypen sind, die auch Widersprüche in sich aufweisen.

Die Zuordnung in Archetypen und Elemente kann hilfreich sein, um Motive, Lebensaufgaben und Ausdrucksweisen besser zu verstehen. Die Struktur, die durch diese Einordnung entsteht, lässt Ziele schneller erkennen und ist hilfreich für einen guten Zugang zur eigenen Intuition.

Neben dem Hauptsternzeichen spielt für das Wohnen noch der Mond eine wichtige Rolle. Wer sich also ein professionelles Horoskop machen lässt, sollte nachsehen, wie der Mond steht, und auch dort das Urprinzip nachlesen, um ein klares Bild zu erhalten. Darum geht es nämlich: um ein Bild der zu erfüllenden Lebensthemen.

Widder
Initiativer Impuls und Tatendrang

Diesem Typ geht es um eine aktive Lebenserfahrung, die von Abenteuerlust, Freiheitsdrang und spontanem Handeln gekennzeichnet ist. Für das Wohnthema heißt das mehr eine praktische Orientierung und weniger ästhetische Ausrichtung. Ein Nomadenzelt, Metallmöbel mit scharfen Kanten und feurige Farben wie Rot entsprechen dem cholerischen Temperament.

Der zentrale Ort ist für diesen Typ das Zimmer mit dem eigenen Bett und Bücherregalen.

Zuordnung zu den Elementen:
Feuer – männlich

Stier
Besitz, Erdverbundenheit und Standhaftigkeit

Hier geht es um Genussfreudigkeit, Sammeltrieb, Geschmack, Traditionserhalt und Gruppenzugehörigkeit.

Wohntypisch entspricht dies der Bauernstube, einer Einrichtung bestehend aus rustikalen, eher massiven Möbeln oder Antiquitäten. Der Stier liebt eine üppige Ausstattung mit vorwiegend eigenen Sammelgegenständen und viel Dekoration.

Farben: alle erdigen, bräunlichen Herbstfarben, Orangerot, Terrakotta, warmes Grün, heitere, lebensfrohe Farben, die Wärme und Sinnlichkeit ausstrahlen. Der zentrale Ort ist die Küche und der Hobbykeller. Er strebt die Wohnform in einem Eigenheim, auf eigenem Grund und Boden mit Garten an.

Zuordnung zu den Elementen:
Erde – weiblich

Zwilling
Kommunikation, Kontakt und Austausch

Diesem Typ wird unter vielem anderen Flexibilität, Unternehmungs- und Reiselust sowie Kontaktfreude zugeordnet.

Für das Wohnen entspricht dies einer luftigen, hellen Wohnung, mit einer praktischen, pflegeleichten Einrichtung ohne zu viel Dekoration: Leicht abbaubare Einrichtungsgegenstände, die häufige Umzüge erleichtern, und ein schlichter, nordischer Stil mit filigranen Möbelstücken und angedeuteten Konturen sind das Passende. Bücherregale spielen eine wichtige Rolle.

Die bevorzugten Farben sind Gelb, Hellgrau, Himmelblau.

Der zentrale Ort ist der Schreibtisch oder ein großer Esstisch für gesellschaftliche Treffen.

Zuordnung zu den Elementen:
Luft – männlich

Krebs
Fürsorge, Familie, Seele

Diesem Zeichen werden die Themen der Fürsorglichkeit, Mütterlichkeit, Häuslichkeit, Geborgenheit zugeordnet, also ein Heimspiel für das Wohnthema. Für die Umsetzung auf das Zuhause bedeutet das ein echtes Nest, das durch die Gefühlstiefe und die Neigung zur Überschwemmung mit Gefühlen zum Märchenschloss ausufern kann. Die Einrichtung ist vorwiegend gemütlich, heimelig, gern ein bisschen Plüsch, mit vielen Erinnerungsgegenständen und Familienfotos.

Dazu passen weiche, abgerundete und bauchige Formen, Natur und Natürlichkeit, weiche Textilien und geschmeidige Materialien.

Farben: Warmerdige Rottöne, Violett und Pastellfarben geben den Ton an.

Der zentrale Ort für die Häuslichkeit ist die Küche, um die Fürsorge auch körperlich spüren zu lassen, und das Wohnzimmer mit einer gemütlichen Couch als Treffpunkt für Familie und die Freunde. Sofern dieser Typ nicht ohnehin schon im zurückgezogenen Familienverband wohnt.

Wenn schon kein Garten, muss ein Balkon oder zumindest Zimmerpflanzen vorhanden sein. Sammeln gehört unbedingt als Leidenschaft zum Krebs.

Zuordnung zu den Elementen: Wasser – weiblich.

 Löwe
Ausdruck, Individualität und Kraft

Diesem Zeichen wird unter vielem anderen eine starke Ausstrahlung mit Anspruch auf Luxus, würdevollem sich-in-Szene-Setzen und dramatischen Auftritten zugeordnet. Für das Wohnen heißt das der Wunsch nach einer Villa, der Luxuswohnung mit entsprechender Ausstattung mit üppig-barocker Einrichtung und Dekoration; farbenprächtig, sehr individuell und repräsentativ. Wenn, dann gehören auch große, üppige Pflanzen dazu und die Farben Gold, Goldgelb, Weiß und das Sonnenlicht, das alle Spektralfarben in sich enthält.

Die Wohnform entspricht den sonnigen und großzügig-weitläufigen Räumlichkeiten. Der zentrale Ort wäre ein entsprechender Schreibtisch, die große Tafel oder ein grandioses Bett und ein großzügiges Wohnzimmer.

Zuordnung zu den Elementen: Feuer – männlich

65

 Jungfrau
Vernunft, Planung und Anpassung

Diesem Typ wird unter vielem anderen starker Realismus, Anpassungsgeschick, Bescheidenheit, Ordnungsliebe, Zweckmäßigkeit und Perfektionismus zugeordnet.

Für das Wohnen heißt das eine zweckmäßige Einrichtung, Einzelstücke statt Einbaumöbel, vielleicht auch mal eine selbst restaurierte Antiquität, jedoch stets in einem klaren und modernen Stil. Die Dinge müssen praktisch und überschaubar sein, leicht zu pflegen und vor allem auch sorgfältig hergestellt. Nachhaltigkeit ist auch ein Thema und wäre hier am besten in einem Ökohaus oder im Bauhausstil realisiert. Die bevorzugten Farben sind gedeckt, Hellbraun, Sand, Beige und Lindgrün.

Die Wohnform ist umgeben von Nutzflächen, Schrebergärten und Natur.

Zuordnung zu den Elementen:
Erde – weiblich

 Waage
Ausgleich, Harmonie

Diesem Typ wird unter vielem anderen Geschmack, Geselligkeit, Kunst und Ästhetik zugeordnet.

Für das Wohnen heißt das eine stilvolle Wohnung mit wunderbaren Bildbänden und einem Hang zum Luxus. Das Haus wird zum gesellschaftlichen Treff arrangiert und Begegnung herbeigeführt. Die Einrichtung ist modern, aktuell der jeweiligen Modeform angepasst, in jedem Fall schön und ästhetisch drapiert. Stilformen: elegant, Art déco oder Jugendstil. Die Funktion darf auch mal in den Hintergrund treten.

Der Typ neigt zu einer symmetrischen Gestaltung, die dekorativ und weich ist und auf Harmonie aus ist. Die Farben: Weiß, Silber, Blau, Blaugrau, in jedem Fall lieblich und ausgewogen.

Dieser Typ liebt als zentralen Ort das luxuriöse Badezimmer und ist bestenfalls umgeben von Parks, Ziergärten oder Landschaften mit zahlreichen Kulturdenkmalen.

Zuordnung zu den Elementen:
Luft – männlich

 Fische

Intuition, Hingabe und
Sensibilität

Diesem Typ wird unter vielem anderen ein künstlerisches Einfühlungsvermögen, Anpassung an die jeweilige Umgebung und musisch-romantisches Schwelgen in Gefühlen und Träumen zugeordnet.

Archetypisch entspricht dies dem Haus am Meer mit einer undefinierbaren Einrichtung, die zum Alternativen neigt, bescheiden oder sehr kunstvoll kreativ ist. Dazu passen konturlose oder ineinander übergehende Formen und durchscheinende Materialien wie zarter Stoff. Die bevorzugten Farben sind Meergrün, Blaugrün, Pastelltöne und Aquarellfarben.

Die Wohnform zu diesem Typ ist ein unbesiedeltes, einsames Gebiet, eine zurückgezogene und ruhige Landschaft, in jedem Fall eine Art Insel.

Zuordnung zu den Elementen:
Wasser – weiblich

Neben der Möglichkeit, sich in den dargestellten Bildern wiederzufinden, gibt es auch noch die spannende Möglichkeit, den Fehlbereich zu betrachten. Welche Energien fehlen mir, womit kann ich mich überhaupt nicht identifizieren?

Ähnlich wie bei den nicht geliebten Farben sagt dieser Bereich etwas darüber aus, wo ich meine Konfliktherde habe oder wo vielleicht ein Lebensthema ausgeblendet wird. Der »Schatten« ist dort angesiedelt und schreit danach, integriert zu werden.

Mit »integrieren« ist gemeint, dass ich bereit bin, diesen Bereich als einen Teilaspekt von mir zu akzeptieren und mich damit auszusöhnen.

Der Vorteil der Integration ist einfach: Bin ich selbst und freiwillig bereit, ungeliebte Themen als zu mir zugehörig zu betrachten, muss ich diese Erfahrung nicht auf Umwegen und oft schmerzhafte Weise erfahren. Im Kapitel Wohnschäden finden sich dazu weitere Hinweise (siehe Seite 118).

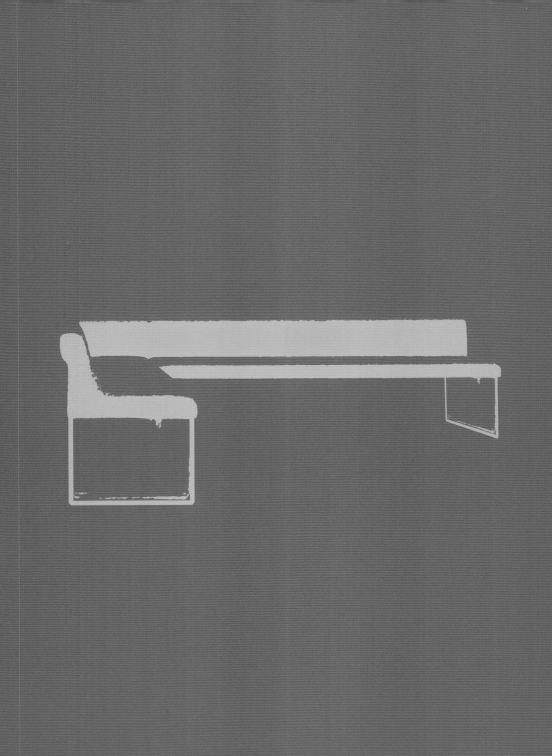

Gestaltungselemente im Haus —

Jedes Material steht für eine Aussage

Bei den Gestaltungsmöglichkiten gilt ganz besonders, dass die Deutungen nicht isoliert betrachtet werden können, sondern nur Hilfen sind, um dem Wesen der Vorliebe mit einem Augenzwinkern auf die Spur zu kommen und die damit verbundenen Bedürfnisse zu identifizieren.

Ziegel

Der gebackene Lehm als Baumaterial war, wie so vieles, eine Zufallserfindung der Menschheit. Der Ziegelfreund denkt und handelt stabil, aber nicht unflexibel. Er liebt das Bodenständige und die Tradition und versucht, sie mit den heutigen Bedürfnissen in Einklang zu bringen. Von schnellen Lösungen hält er nicht viel und neigt zum Misstrauen.

Beton

Beton ist ein kaltes Material, das ist nicht von der Hand zu weisen.
»Betonköpfe« sagt man heute zu uneinsichtigen oder begriffsstutzigen Menschen und spricht damit die extreme Härte des Materials und die damit ver-

bundene Schwierigkeit an, etwas aus Beton Hergestelltes wieder zu entfernen.
Beton ist der Baustoff für Menschen mit einem großen Sicherheitsbedürfnis, mit dem Wunsch nach Dauerhaftigkeit und Widerstandsfähigkeit. In der Kompensation steht Beton für Starrheit, Sturheit und Unbeweglichkeit. Im Gegensatz zum Ziegel atmet Beton sehr wenig (Austausch), lässt kaum Feuchtigkeit (Gefühle) durch und hat eine schlechte Wärmedämmung (Wärme fließt ab, Kälte dringt ein). So neigt der Betonfreund zum »Aussitzen« von unangenehmen Situationen und lässt Gefühle an sich abprallen. Seine Angst ist die Unverbindlichkeit und die Unsicherheit.

Lehm

Lehm ist neben Holz das älteste Baumaterial, das Menschen schon zu Beginn der Zivilisation für den Hausbau verwandten. Heute begeistern sich nicht nur Ökofans für das billige, allerdings nicht ganz einfach zu verarbeitende Naturmaterial. Die Architektur entdeckt den Lehm mit seinen ausgleichenden Eigenschaften wieder neu. Der Lehmtyp sucht ähnlich wie der Holztyp das Unperfekte und Naturbelassene und nimmt dafür einige negative Eigenschaften des Materials in Kauf.

Das Naturnahe ist auch das Anliegen des Lehmfreundes. Er will bewusst auf Wohngifte verzichten, setzt auf eine hohe ökologische Qualität und versucht, bewusst zu handeln und zu denken. Doch ist er eher kompromisslos und auf eine eigene Art Perfektionist.

Holz

Holz ist wohl außer dem Stein das älteste und in bestimmten Baustilen und Bereichen des Bauens immer noch das gebräuchlichste Material.

Das Holz steht als Symbol für die Verbindung von Himmel und Erde.

Doch ganz unterschiedlich gehen Menschen damit um. Im »Furniertyp« spiegelt sich der Charakter des kontrollierenden und die Natur bezwingenden Perfektionisten, der wenig Spielraum lässt und

das Holz als Dekor und nicht als Werkstoff versteht.

Der Naturbretttyp schätzt die Eigenheiten des Natürlichen mit einem Augenzwinkern, das um Nachsicht für die eigenen Unzulänglichkeiten kokettiert und offen für Veränderungen ist. Hauptsache, der natürliche Charme des Verfalls und des Gebrauchs wird geachtet.

Insgesamt geht es hier um das Bedürfnis der Anerkennung von Werten, um Individualität und um ein Stück Harmoniebedürftigkeit zwischen Mensch und Umwelt.

Metall

Der Stahlfreund liebt die filigranen und sichtbaren Konstruktionen. Er ist der Technik positiv zugeneigt und steht auf Stabilität und Zuverlässigkeit. Doch ist er eher der etwas kühlere Typ, der eine Anwärmung braucht. Vor tiefen Gefühlen hat er eher Bedenken bis Respekt.

umdrehen von den Vorteilen zu überzeugen und neigt dazu, nicht allzu langfristig zu planen. Unverbindlichkeit und allzu große Kompromissbereitschaft sind Zeichen seiner Angst vor Stillstand.

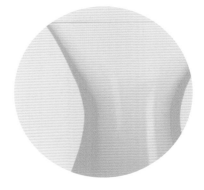

Kunststoffe

Jahrhundertelang gab es keine künstlichen Materialien, heute scheint am Bau nichts mehr ohne sie zu funktionieren. Kunststoffe sind leicht, gut zu verarbeiten, pflegeleicht und schwinden nicht wie Holz. Sie leiten die Wärme schlecht, was im Falle der Fenster eine gute Eigenschaft darstellt. Allerdings haben sie einen gravierenden Nachteil: Sie altern schnell und sehen dann unansehnlich aus. Eine Reparatur oder Lackieren ist oft zum Scheitern verurteilt.

Das wichtigste Argument für die meisten Befürworter ist jedoch die Tatsache, dass man den Kunststoff nicht zu streichen braucht. Ein Holzfenster muss immer wieder lackiert werden.

Der Kunststofffreund liebt die schnellen und einfachen Lösungen. Er ist im Hand-

Glas

Ins Auge stechende Eigenschaften des Materials Glas sind Klarheit, Einblick, Weitblick und Transparenz. Der »Glastyp« liebt den Ausblick, die Helligkeit und die Freiheit, aber häufig schätzt er wenig, dass auch andere Menschen durch die Transparenz so viel Einblick in ihn gewinnen. Glas hat die Eigenschaft, auf der Seite zu spiegeln, von der mehr Licht kommt. Tagsüber ist das eine für uns angenehme Eigenschaft, wenn es nachts jedoch innen heller ist als draußen, wird eine Glasfläche zu einem schwarzen Spiegel, der von außen hervorragend einsehbar ist. Der Glasfreund ist manchmal wie ein Spiegel: Er spiegelt das Gegenüber, man kann von ihm jedoch nichts erkennen. Und er ist hart wie Glas – aber durchaus zerbrechlich.

Bodenbeläge

Worauf wir treten und den Kontakt zum festen Boden und zur Erde damit herstellen, sagt etwas darüber aus, in welchem Ton wir mit der Umwelt sprechen und welchen Nachhall wir erzeugen wollen. So spricht der knallharte Beton des Designerlofts eine andere Sprache als der kuschelweich gepolsterte Flor eines Teppichs. Die Sprache des Bodens ist der Schall, der durch den Auftritt unseres Gewichts einen Klangkörper findet oder nicht. Natürlich gehört auch der Schuh dazu: Die butterweiche Kreppsohle macht ein anderes Geräusch als die Metallplatte eines Pfennigabsatzes.
Wie laut darf mein Schritt zu hören sein? Wie ist mein Verhältnis zu der Aufmerksamkeit, die ich gerne hätte?

Parkett

Das Holzparkett ist wahrscheinlich der beliebteste Fußboden, den Menschen sich wünschen. Seit Jahrhunderten werden Holzdielen im Fischgratverband oder als Stäbchen gelegt, um die Eigenarten des stark auf Feuchtigkeit reagierenden Holzes in den Griff und nicht in einen Spalt zu kriegen. Das klassische Parkett ist massiv und ewig haltbar. Und auch eine Frage des Geldbeutels. Auf Parkett geht man stilecht, man legt auch eine »heiße Sohle auf das Parkett«, weil das Parkett schwingt.
Wer Parkett legen lässt, der hält etwas auf sich, liebt es klassisch und baut auf Dauerhaftigkeit und Verbindlichkeit.

Laminat

Laminat ist ein Blender, weil es Kunststoff ist mit der Fotografie von echtem Holz. Es täuscht uns, obwohl der geschulte Blick und jedes Ohr es sofort entlarven. Ästhetisch betrachtet, sieht ein »Holzparkett« schöner aus als eine Kunststoffoberfläche. Nach wenigen Jahren hat das Laminat auch starke Probleme mit den Kanten. Feucht wischen wird bald zum Problem, weil das Material vom Rand her aufquillt und unansehnlich wird.

Bei der heutigen Rohstoffsituation ist fraglich, ob ein maximal zehn Jahre haltbares Produkt (letztendlich ein Erdölprodukt) tatsächlich rohstoffschonender ist als echtes Holz, das hundert Jahre hält. Laminat ist ein Blender.

Fliesen oder Naturstein

Granit, Solnhofener oder andere Natursteine sind Bodenbeläge für die Ewigkeit. Sie strahlen Würde und Gelassenheit aus und erzählen wie Holz eine alte Geschichte von der erkaltenden Erdkruste. Manche Steine sind so selten und so schön, dass man sie nicht dafür verwenden sollte, um darauf zu treten. Stein ist zeitlos, wenn auch dessen Farben der Mode unterworfen sind. Natürlich muss man sich den Stein und seine Verarbeitung leisten können.

Der Steinfreund schätzt die verbindliche Dauerhaftigkeit und zeigt auch, dass er ein wenig zur Starre neigt. Der Stein ist unempfindlich, aber kalt (sofern er nicht geheizt wird). Der Steinliebhaber neigt zur Emotionsarmut, wenn er nicht (an)gewärmt wird. Man kann auch schon mal auf »Granit beißen« bei ihm, was eine gewisse Starrnackigkeit meint.

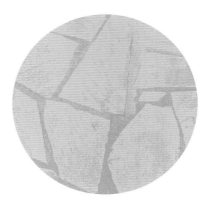

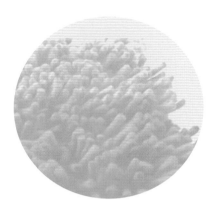

Teppichboden

Vor der Erfindung der synthetischen Fa-
sern war Teppich reiner Luxus. Mühsam
in Handknüpfarbeit entstanden Teppiche
als Bilder und Geschichtenerzähler. Der
Teppichfreund mag es weich und angenehm. Seine Schritte sollen vom textilen
Material geschluckt werden und harmonisch im Gedächtnis bleiben. Er neigt
dazu, die Harmonie über alles zu setzen
und etwas unter den Teppich zu kehren,
um keinen Streit ertragen zu müssen.

Gestaltungselemente als Spiegel der Seele

Deutung und Bedeutung

Stilrichtungen

Unser Stil ist unsere typische Art, uns zu äußern. Aus der Summe unserer Lebenserfahrungen haben wir uns ein Bild der Welt gemacht und daraus einen Umgang mit ihr zurechtgelegt. Unseren Stil zu finden, in dem wir uns wohlfühlen, ist wohl die wichtigste Frage, die uns in Bezug auf unser Zuhause beschäftigen kann. Die Erfahrung zeigt, dass die wenigsten Menschen ein klares Bild über ihr eigenes Styling haben, geschweige denn es eindeutig beschreiben könnten.

Die Art des Wohlfühlens ist sicher durch Kindheitserfahrungen im Elternhaus geprägt und ist eine der Entscheidungen, die erfahrungsgemäß meistens ein Leben lang anhält. Denn sie ist unabhängig vom Einkommen. Ob sich ein Mensch oder ein Paar beispielsweise für einen Landhausstil entscheidet, ändert sich nicht sehr häufig und wenn, dann nur bei sehr einschneidenden Lebensveränderungen. Einen Stilwandel habe ich stets als Entwicklung beobachtet. Meistens vollzieht er sich von konservativ zu schlicht, von üppig zu reduziert und von Menge zu Qualität. Sich in dieser Richtung zu entwickeln, entspricht dem Reiferwerden.

Meine Art, mich im Leben einzurichten, ist die Art, mir ein Zuhause, eine »dritte Haut« zuzulegen, wie der Psychoanalytiker Dieter Funke dies nannte. Kleidung oder den Kleidungsstil wechseln wir einfacher, denn sie muss ja zur Gelegenheit, der Temperatur und weiteren Faktoren passen.

Möbel werden im deutschsprachigen Raum im Durchschnitt zwanzig bis fünfundzwanzig Jahre behalten und sind dadurch Investitionsgüter. Man investiert und richtet sich für die Zukunft ein. Darin besteht auch oft das eigentliche Problem, denn woher weiß ich, was mir in zehn Jahren gefallen wird? Je besser ich mich kenne, desto eher werde ich eine mir treue Richtung einschlagen können und damit eine authentische Lösung erfinden.

Im Folgenden versuche ich, die Kernmerkmale zu beschreiben und zu deuten. Die Deutung ist wie immer eine Polarisierung: Sie soll nicht entlarven oder entblößen, sondern etwaige Themen aufzeigen, die sich dahinter verbergen könnten.

Landhausstil

Unter einer Landhausart wird sowohl der rustikale Ausdruck mit großem Massivholzanteil und wuchtigen Konstruktionen verstanden, als auch der Toskanastil, der, angelehnt an italienische Gutsherren-häuser, mit massiven Pinienholzmöbeln, ausladend-klassischen Couchen und hohem Textilanteil sichtbar wird. Große Terrassen, die sich um das ganze Haus wie ein schützender Gürtel schlingen, sind Bestandteil des auf Familienleben ausgerichteten Ambientes.

Beide Richtungen werden von Menschentypen gewählt, die eine Sehnsucht nach dem guten Leben der alten Zeit in sich tragen und die Moderne wegen ihrer »Kälte« eher ablehnen. Hier sind Messing und Kronleuchter zu Hause, weil Stahl und moderne Leuchten zu kalt erscheinen. Technik ist geduldet, wird jedoch gern versteckt.

Dazu gehören auch geflochtene Möbel, Antiquitäten wie die alte Kommode der Großmutter oder alles, was an die gute alte Zeit erinnert.

Der Landhaustyp hat Angst vor zwischenmenschlicher Kälte und strebt unbedingte Harmonie an. Er setzt auf die alten Werte, die seine Sehnsucht nach Anerkennung widerspiegeln und sein Bedürfnis nach Sicherheit durch Bewährtes. Sicherheit und Geborgenheit sind die wichtigen Lebensthemen. Allzu große Veränderungen werden als störender Eingriff und Gefährdung der Sicherheit gewertet. So wohnen bevorzugt konservative Banker und klassische Handwerker.

Klassischer Wohnstil

Die Klassik ist eigentlich aus dem Klassizismus (um 1800) entstanden. Das Biedermeier als häufige Stilrichtung wird oft bevorzugt, nicht zuletzt, weil aus dieser Zeit noch relativ viele, gut erhaltene Antiquitäten zu erwerben sind.

Anders als die Landhausart, die eher grob-rustikal erscheint, wählt der klassische Typ die feinere Variante des Bildungsbürgertums mit Anleihen an die höfische Kultur. Furnierte Kirschholzmöbel, nur leicht geschwungene bis geradlinige Formen, aber alle in einer raffinierten Ausführung, in den Farben Beige bis Braun und natürlich Kirschholztöne.

Textilien werden liebevoll gepflegt, vor allem Tischwäsche, echtes Leinen und florale oder klein gemusterte Stoffe. Das kostbare Porzellan der Großmutter wird ebenso hochgehalten wie die Traditionen. Werte spielen hier die entscheidende Rolle, sowohl im Zwischenmenschlichen als auch im Materiellen. Die Lebensthemen des klassischen Typs sind denen des Landhaustyps ähnlich, nur die feinere und edlere Variante. Der Bildungsbürger sieht seine Sicherheit in der Ausbildung und im Wissen, daher spielen große Bücherwände hier auch eine große Rolle.

So wohnen bevorzugt Anwälte und Industrielle, Mediziner und Lehrer.

Ethno-Stil

Im Ethno-Stil kommen Einflüsse aus Südamerika, Afrika und Asien zusammen und werden lässig-komfortabel kombiniert. Der Bewohner wird sich nicht in ein bestimmtes Raster pressen lassen und greift emotional betont nach kräftigen Farben, wilden Material- und Musterkombinationen. Dunkle Massivhölzer bestimmen das Bild, Leopardenmuster und oft auch Kampfgerätschaften. Großzügigkeit und stilübergreifende Zusammenstellungen bestimmen den Eindruck. Ein balinesischer Hochzeitsschrank wird kombiniert mit einem thailändischen Buddha oder einer afrikanischen Holzmaske. Textilien sind bunt und erzählen Geschichten, so wie die meisten Einrichtungsgegenstände eine eigene Historie aufzuweisen haben. Der Ethno-Typ ist ein Freigeist, der seine Sicherheit in der selbstbestimmten Abenteuerlust sucht. Er liebt neue Entdeckungen und hat seine Angst eher im Bereich Verbindlichkeit und Selbstverlust. Die Sicherheit liegt im Spontanen und Improvisierten und ist gut verankert.

Technik ist eine willkommene Ergänzung und Bereicherung.

So wohnen bevorzugt Freigeister, Kreative und Musiker.

Kolonialstil, englisch

Der Kolonialstil der früheren See- und Weltmächte ist in erster Linie von britischer Hand geprägt und hat, ähnlich wie der klassische Stil, die großzügig-wuchtige Art der massiven Sitzmöbel (gerne auch in Leder), Bücherwände und Barmöbel. Bevorzugt in den dunklen Hölzern der Kolonialzeit wie Mahagoni oder Wengé und Teak, sind die meisten Stücke Antiquitäten oder solche, die aussehen wie Erbstücke. Auch hier erzählt jedes Stück seine Geschichte. Im Anblick baut sich förmlich ein Gentleman in seinem ausladend-gemütlichen Sessel mit einem Whiskey und einer Havanna-Zigarre über ein Buch vertieft auf. »Jenseits von Afrika« von Tanja Blixen verkörpert dies perfekt.

Der Blick dieses Stiltyps ist vergangenheitsbezogen, auf Sicherheit durch Verbundenheit im sozialen Umfeld bedacht und traditionsverbunden.

Technik wird als eine Notwendigkeit betrachtet.

So wohnen bevorzugt Menschen mit Berufen, in denen es auf Kontakte ankommt, wie Vertriebs- oder Handelsleute und Kaufleute alter Tradition.

Moderner Stil

Im modernen Stil fühlen sich laut Angaben die meisten wohl. Was genau darunter verstanden wird, ist breit gefächert und reicht von Einfachem, Geradlinigem bis zu einem ausgeprägten Sinn für Design. Allen Beschreibungen gemeinsam ist das Schnörkellose, Schlichte und Zweckorientierte, das seit den Architekten des Bauhauses um 1920 als Moderne Einzug gehalten hat. Heute hat eher Ikea die Verbreitung dieses zweckmäßigen und schlichten Stils übernommen. Die Bandbreite der Farben und Hölzer ist groß und richtet sich nach der jeweiligen Mode. Häufig werden Klassiker der Moderne (Architektenmöbel der Bauhausriege) dazu kombiniert. Der Stil wird von Nüchternheit geprägt, was traditionell orientierte Menschen als kalt betrachten. Textilien gibt es als schlichte Vorhänge, Schiebevorhänge, bunte Drucke oder Rollos und Jalousien sowie Teppiche. Sie werden jedoch deutlich seltener verwendet und sind in den Mustern reduziert oder grafisch. Holz wird als Furnier oder massiv, aber stets geradlinig und applikationsfrei verwendet. Lackoberflächen sind typisch für den modernen Stil, ebenso die Farben Weiß, Creme, Schwarz. Technik ist ein selbstverständlicher Bestandteil der Einrichtung.

So wohnen die meisten Menschen jeden Berufs und jeder Bildung.

Puristischer Stil

Der puristische Stil ist modern, aber reduziert in jeder Hinsicht. Der Purist meidet jedes unnötige Detail, ist eher ein Perfektionist und kombiniert auf hohem ästhetischen Niveau. Puristisch ist zugleich auch kompromisslos. Fehlende Zweckmäßigkeit wird zugunsten der Ästhetik geduldet. Der Zen-Stil als Ausdruck der äußersten Reduktion auf das Wesentliche ist hier angesiedelt.
Technik ist ein willkommener Bestandteil der Einrichtung und wird bisweilen zelebriert. Es sei denn, dass es sich um eine besonders strenge Erscheinungsform des Purismus handelt, dann wird auch die Technik aus dem sichtbaren Bereich verdammt oder gar ganz auf sie verzichtet. Der echte Purist hat ein gewisses Maß an Radikalität. Zwanghafte Anteile sind nicht selten zu finden.
So wohnen Kreative, Architekten, Querdenker und Börsenbanker, aber auch Familien.

Die meisten Menschen erleben sich selbst als Mischform der genannten Stile und können sich gleichzeitig in mehreren

83

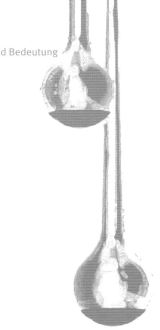

Kategorien finden. Interessant ist diese Einteilung, um sich selbst mit den dazugehörigen Werten identifizieren zu können und klarer zu sehen, was für das eigene Wohlbefinden wichtig ist.

→ Habe ich meinen Stil schon gefunden und wie bin ich auf ihn gekommen?
→ In welchem Stil finde ich mich hauptsächlich und was bedeutet das für mich?
→ Welche Stilelemente verwende ich, um mich auszudrücken?
→ Wie mische ich die Stilelemente in den unterschiedlichen Bereichen meines Lebensraums? Drücke ich mich in der Wohnung anders aus als im Garten oder auf der Terrasse oder im Schlafzimmer anders als im Wohnbereich?
→ Wie leicht fällt es mir, mit einem andersartigen Stil des Partners oder der Kindern auszukommen?

Licht

Licht und Beleuchtung ist eines der schwierigsten Themen für jeden Einrichter und jeden Architekten, weil Licht schwer zu beschreiben und vorzustellen ist, aber leider auch einen nicht so großen Stellenwert bei der Planung einnimmt. Zu Unrecht, weil wir in unserer freien Zeit gerade im Winterhalbjahr mindestens 80 % in künstlich beleuchteten Räumen verbringen.

Dabei kann sich niemand der Wirkung des Lichts entziehen. Zwei wesentliche Arten eines Beleuchtungskonzepts können unterschieden werden:
→ Ausleuchtung
→ atmosphärisches Licht

deutlich als Helligkeit wahrnehmbar ist. Dieses »Sonnenlicht« ist punktuell sehr hell und bringt Strukturen, Farben und Brillanz der Gegenstände im Raum zur Geltung, leuchtet aber nicht gleichmäßig aus. Diese Art von Licht schafft deutli-che Hell-dunkel-Kontraste und wird wegen der höheren Lichttemperatur heller wahrgenommen, als es ist. Wichtig ist dabei, dass dieses Licht blendfrei eingesetzt wird.

Wichtig ist nicht, wo die Anschlüsse sind, sondern wo wir Licht im Raum benötigen.

Ausleuchtung meint, dass ein Bereich großflächig erhellt, also ausgeleuchtet (wie mit Licht ausgegossen) wird. Diese Art der Beleuchtung ist sinnvoll für Arbeitsplätze, Küchenarbeitsflächen, im Bad vor dem Spiegel, für öffentliche Verkehrsflächen. Die Lichtanschlüsse sind zentral über den auszuleuchtenden Bereichen angebracht. Sie erzeugen eine Grundhelligkeit, um sich sicher im Raum bewegen zu können. Diese Art des Lichts erzeugt ein »Nebellicht«, eine diffuse Helligkeit mit geringer Lichtstärke, die zum Rand hin abnimmt.

Atmosphärisches Licht meint konzentriertes Licht an mehreren Stellen im Raum und so ausgerichtet, dass das Licht

Wenn wir uns an die bevorzugten Plätze im Raum setzen und die zwei bis drei Punkte im Raum fokussieren, wohin der Blick automatisch geht, bekommen wir deutliche Hinweise. Genau diese Bereiche brauchen Helligkeit in einer Höhe, die wir mit den Augen erreichen: die Augenhöhe oder die Sitzhöhe. In diesen beiden Höhenbereichen nimmt das menschliche Auge Helligkeit wahr. Daher nützt es wenig, die Decke anzustrahlen, wenn die Raumhöhe über 2,80 m misst oder die Decke dunkel ist, da die Stärke des Lichts in der Entfernung zum Quadrat abnimmt. Das heißt, dass das Licht eines Raumstrahlers selbst bei einer normalen Deckenhöhe nur noch zu einem Bruchteil ankommt.

Der häufigste Fehler in der Beleuchtung von Räumen ist die Konzentration auf den Mittelpunkt des Raums. Wenn nur dieser Stromanschluss zur Verfügung steht, wird die Frage der Beleuchtung zu einer Situation, die großer Fantasie und der guten Auswahl an innovativen Lichtlösungen bedarf. Denn die Lichtquelle in der Raummitte zu haben, ist manchmal bei Treppenaugen und wenigen Ausnahmen optimal, ansonsten für eine stimmungsvolle oder eine für das Auge hell erscheinende Belichtung alles andere als sinnvoll.

Unser natürliches Empfinden für Licht kommt von der Art, wie wir Sonnenlicht und Tageshelligkeit wahrnehmen. In unseren Breitengraden kommt das Sonnenlicht nie direkt von oben, sondern mehr oder weniger schräg von der Seite – man muss nur an einen sonnigen Herbsttag und flach in das Zimmer einfallende Sonnenstrahlen denken. Dieses besondere Licht wurde von Dichtern und Malern oft beschrieben und dargestellt und ist nicht nur in den Übergangsjahreszeiten zu entdecken, sondern auch oft in Sonnenaufgangs- oder Sonnenuntergangsstimmungen. Genau dieses Licht, das selten reinweiß ist, aber immer schräg von der Seite scheint, verleiht lange Schatten und große Tiefe. Es lässt angestrahlte Bereiche besonders hell erscheinen und die Umgebung wird dadurch in eine bezaubernde Stimmung getaucht.

Genau dieses Licht kann man erzeugen, wenn man Licht von einer Seitenwand abstrahlen lässt und als Streiflicht auf die Wand oder ein Bild richtet. So erreicht man eine Umorientierung von der Aufmerksamkeit für die Leuchte hin zur Aufmerksamkeit auf das Licht.

Sehr beliebt wurden mit dem Aufkommen der Halogenstrahler und der Niedervolttechnik auch die Downlights. Kleine, lichtstarke Strahler werden dazu in die Decke eingebaut und scheinen senkrecht nach unten. Wenn beispielsweise ein Weg oder eine Arbeitsfläche erhellt werden soll, stellt das eine gute Lösung dar. Für eine Grundbeleuchtung sind Downlights jedoch nur bedingt geeignet, weil sie schnell blenden und Licht nicht in der von den Augen hauptsächlich wahrgenommenen Höhe erzeugen, sondern den Fußboden hell machen, den wir in einem bekannten Umfeld kaum wahrnehmen.

Im Lauf der Jahre meiner Tätigkeit als Gestalter und Planer ist mir aufgefallen, dass die sprachlichen Bilder über Licht und Schatten oft auf den Punkt treffen. Ob jemand auf der Sonnenseite des Lebens steht, zeigt sich auch durchaus daran, ob er bereit ist, beispielsweise Gegenstände mit Licht zu fluten, oder eben nur ein »kleines Licht« darstellt und sich mit »Funzeln« zufriedengibt. Wie gehen Sie mit Licht um?

→ Welche Art der Beleuchtung habe ich in meinen Räumen?

→ Welche Bedeutung hat Licht für mich und wo ist dies bei mir am deutlichsten zu sehen?

→ Wie werde ich den unterschiedlichen Anforderungen an eine Beleuchtung gerecht? In welchem Verhältnis stehen Ausleuchtung und atmosphärische Beleuchtung bei mir?

→ Wie flexibel kann ich mich auf unterschiedliche Bedürfnisse an Helligkeit und Ausstrahlung einstellen?

→ Wie verändert künstliches Licht meine Räume im Vergleich zur Tageshelligkeit?

→ Wohin richte ich das Licht und was heißt das für den Raum?

→ Wie setze ich Leuchten ein, als Lichtquelle oder Gestaltungsobjekt?

Farbe

Farben wirken immer auf uns. Wir können uns einer Wirkung nicht entziehen, da Farben archetypische Bilder in uns wachrufen und Erinnerungen hervorholen.

Wer käme auf die Idee, die Kaltwasser-Markierung auf einem Wasserhahn mit Rot zu kennzeichnen und das Symbol für das Heißwasser mit Blau? Aufgrund der rot glühenden Sonne und der roten Farbe des Feuers können wir Wärme nicht mit der Farbe Blau in Verbindung bringen und ebenso lassen uns die blau erscheinenden Eisberge der Arktis niemals an Rot für Kälte denken. Wer diese Grundsätze übergeht, will um jeden Preis auffallen, weil er das Archetypische verletzt und in die Irre führt.

Die Symbolik der Farben ist sehr kulturbezogen, zeitabhängig und kontextbezogen. Ein Beispiel verdeutlicht diese Zusammenhänge: Wenn man sich in unserem Kulturkreis die Frage stellen würde, welche Farbe für Trauer steht, würde wohl jeder die Farbe Schwarz nennen. Stellt man die Frage in asiatischen Ländern, bekommt man mit derselben Gewissheit als Antwort die Farbe Weiß.

Farben machen Aussagen und können unterschiedliche Assoziationen hervorrufen. Ein Mensch, der kräftige Farben bevorzugt, dem traut man kaum Ängstlichkeit oder Schüchternheit zu. Ebenso würde man dem Pastellfarbenfreund kaum männliche Durchsetzungskraft oder ein dominantes Wesen bescheinigen.

Hier einige mögliche Begriffe, die zur Interpretation oder Deutung hilfreich sind:

→ Temperatur

(Türkis wird kälter als Weinrot wahrgenommen.)

→ Form und Härte

(Ein warmes Sonnengelb ist in seiner Anmutung eher »rund«, weil es an ein Eidotter erinnert, und ist »weicher« als ein Neongelb, das eher als »eckig« und hart wahrgenommen wird.)

→ Struktur

(Hochglanzfarben auf glatten Oberflächen wirken anders als die gleiche Farbe in Matt auf strukturierten Oberflächen.)

→ Lautstärke

(Ein leuchtendes Königsblau ist »lauter« als ein gedämpftes Taubenblau.)

→ Gewicht

(Dunkelbraun wirkt schwerer als ein Cremeweiß.)

→ Energie

(Leuchtende und kräftige Farben werden subjektiv schwerer wahrgenommen als die gedämpfteren Varianten, die vermischt sind mit anderen Tönen.)

Farben sind tief in alten Gehirnbereichen verankert und mit ihnen die Wirkung auf uns. Zu diesen meist archetypischen Prägungen kommt die individuelle Erfahrung. Denken wir an die Farbe Rot, fällt uns dazu sicher ein, dass sowohl Blut als auch Rosen rot sein können. Je nachdem, welche Erfahrungen man mit Blut machte (positiv: Lebenssaft und Energie; negativ: Verletzung und Gewalt), wird die Farbe auch später diese Assoziation in uns freisetzen.

Interessant ist auch zu beobachten, was einem nicht gefällt. Das gibt oft mehr Aufschluss als der bevorzugte Strahlenbereich, den wir als Farbe wahrnehmen. Vermeidungsstrategien sind oft hochwirksam und sehr aussagekräftig. Die ungeliebte Farbe kann Aufschluss über ungeliebte Bereiche geben. Auch hier dienen die Assoziationen wieder zur Deutung.

Wer seine Lieblingsfarben für die Kleidung kennt, ist sich oft noch nicht darüber im Klaren, welche Farben er für Einrichtungsgegenstände oder Wände mag oder umgekehrt. Meist ist es so, dass geliebte Lebensmittel auch entsprechend geliebte Wohnfarben sind. Wer beispielsweise Zimt mag, mag auch Zimtfarben.

Die Kriterien, eine Farbe für einen bestimmten Gegenstand auszuwählen, sind unterschiedlich und von mehreren Fak-

toren abhängig. Man kann Rot lieben, doch würde man auch Rot für eine Couch auswählen oder rote Vorhänge kaufen? Wäre rote Bettwäsche schon eine Zumutung oder eine reizvolle, mutige Vorstellung? Nur Kinder gehen gänzlich unbefangen mit Farben um. Wir können uns als Erwachsene kaum vorstellen, eine Farbauswahl unabhängig von Gelegenheit, Umgebung und Akzeptanz zu treffen. Eine rote Leuchte im Raum, von außen sichtbar, stellt viele schon vor grundsätzliche Fragen der Akzeptanz durch Nachbarn oder Passanten.

Die folgenden Assoziationsketten geben wieder einen kleinen Ausschnitt über die Möglichkeiten, Farben zu deuten. Die Rei-

henfolge der beschriebenen Farben stellt die Beliebtheit der Farben in unserer Gesellschaft dar. Die Auswahl der Einteilung ist nicht objektiv, sondern entspricht der gängigen Meinung. Sie kann nur ein Anhaltspunkt sein für eigene Bewertung und Deutung.

Blau

Farbe der Treue, Harmonie, Ruhe, Freundschaft, Ferne und Weite, Sehnsucht, der Männlichkeit und des Adels, aber auch der Trunkenheit, Kälte, Lüge, Härte und Sachlichkeit (im Sinne der Gefühllosigkeit), des Ungenießbaren, der Romantik. Ablehnung von Blau: Flucht vor Entspannung und Zugehörigkeit.

Rot

Wärme, Liebe, Kraft, Stärke, Energie, sozial, Schönheit, Gewalt, Blut, Gefahr, Terror, Verletzung, Wut.
Ablehnung von Rot: Angst vor Reizüberflutung, starke Introversion, extreme Sensibilität.

Weiß

Neutral, sauber, rein, integer, schick, unschuldig, zeitlos, ruhig, tolerant, klein, kalt, neutral, langweilig, distanziert, unerreichbar, unnahbar, unerklärbar, Suche nach Entlastung, emotionale Sterilität.
Ablehnung von Weiß: Angst vor Auflösung, Suche nach Tiefe.

Grün

Frisch, lebendig, natürlich, kraftspendend, echt, erholsam, beruhigend, fruchtbar, feucht, modrig, kalt, alt, Tarnfarbe, pflegebedürftig, unreif, statisch.
Ablehnung von Grün: Verachtung und Verdrängung von Lebendigkeit, Suche nach Geltung.

Grau

Vornehm, ruhig, zurückhaltend, edel, neutral, zeitlos, männlich, unehrlich, kalt, tot, stumpf, schluckend, langweilig, nebulös, indifferent, dezent, Grenzlinie zwischen unterdrückter und gelebter Emotionalität, konfliktunterdrückend.
Ablehnung von Grau: Angst vor dem Alter, Angst vor dem Untergang in der Masse.

Schwarz

Edel, zeitlos, neutral, kompakt, speichernd, aufnehmend, Tod, Strenge, hart, abweisend, leblos, dominant, beständig, klar, schluckend, über den anderen stehend, Trotz gegen das eigene Schicksal.
Ablehnung von Schwarz: Ablehnung von Leben, Ablehnung von Verzicht.

Braun

Sicherheit, erdig, Naturverbundenheit, Natürlichkeit, Ehrlichkeit, grob, plump, praktisch, einfach, Dauer, unkompliziert, bürgerlich, gemütlich, Streben nach Verwurzelung.
Ablehnung von Braun: Suche nach Abhebung von der Masse.

Gelb

Warm, sonnig, traditionell, ausstrahlend, anregend, heiter, Offenheit, Helligkeit suchend.
Ablehnung von Gelb: Nicht verschmerzter Verlust, Ablehnung von Dynamik, offene Enttäuschung (Alkoholiker lehnen Gelb ab).

Orange

Schrill, lebendig, Spaß, aktiv, offen, überschwänglich, direkt, Kommunikation, Sinnlichkeit, Wärme.
Ablehnung von Orange: Abwehr von Lebendigkeit und Lust, Aggressionsunterdrückung.

Violett

Spannungen überwindend, mystisch, grenzüberschreitend, Gegensätze vereinigend (Rot-Blau), geheimnisvoll, Sensibilität, introvertiert.
Ablehnung von Violett: Rationalisierend, Abgrenzung aus Angst vor starken Gefühlen, Kontrollsucht.

Rosa, Lila

Diese durch Weiß (Unschuld) abgeschwächten Varianten der Hauptfarben (Rot und Violett) symbolisieren die milde Variante. Sie könnten jedoch auch auf verminderten oder verhinderten Mut hinweisen.

Schwarz-Weiß

Wer diesen harten Kontrast bevorzugt, negiert die Buntheit des Lebens, die weichen Zwischentöne und ist oft psychisch belastet. Schwarz-Weiß ist das Symbol der Einschränkung.
Fehlende Farbigkeit mit heller Ausprägung steht für das Weiß-Beige-Unschuldsthema und die Angst vor Verletzungen, aber auch für die Unberührbarkeit und Unnahbarkeit. Eine Sehnsucht

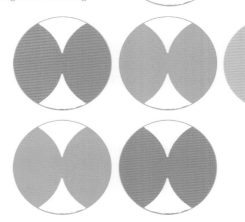

nach Klarheit, Reinheit und Vollkommenheit spielt dabei eine Rolle.

Große Buntheit und Viel-Farbigkeit steht für Unentschiedenheit, Ausdrucksstärke mit Hang zum Extremen und ein großes Aufmerksamkeitsbedürfnis. Doch auch für Originalität, Fröhlichkeit, Flexibilität, Unabhängigkeit, Auffallenwollen und Unentschlossenheit.

→ Wie setze ich Farbe in meinem Umfeld ein?

→ Welche bevorzugten Farben und welche ungeliebten Farben habe ich?

→ Welche Bedeutung schreibe ich meiner Farbauswahl zu?

→ Inwiefern entspricht meine Farbigkeit meinem Lebensgefühl und meinem Charakter?

→ Welche gefühlte Temperatur ergibt sich in meiner Wohnung aufgrund der ausgewählten Farben?

Wandgestaltung

Die Art der Wandgestaltung kann Aussagen treffen in Bezug auf die Art des Kontakts zur Umwelt.

Sichtbeton

Der Sichtbeton als Wanddekor ist eine Erfindung der Bauhausarchitekten. Nackter, aber perfekt verarbeiteter Beton als gegossene Sichtstruktur wird als Sinnbild der Moderne betrachtet und zeugt von der harten und rauen Ästhetik, die den Puristen und Liebhabern der reinen Ingenieurskunst eine Augenweide darstellt. Die steinharte Oberfläche lässt keinerlei weitere Gestaltung zu. Einen Nagel in diese Wand zu schlagen ist unmöglich; um ein Bild aufzuhängen, muss

man dem Beton mit einem schweren Bohrhammer zu Leibe rücken. Diese Kompromisslosigkeit liegt auch oft bei den Freunden des Betons vor.

Natursteinmauer

Der natürliche Charme einer mit Natursteinen gemauerten oder durch alte Vollziegel entstandenen Optik soll nachgeahmt werden und den Reiz des Handwerklich-Unperfekten im Kontrast zu den synthetisch-glatten Oberflächen erhöhen. Die Natursteinmauer spiegelt das Bedürfnis nach Individualität, Wertestabilität und natürlichem Dekor und soll von der Beherrschbarkeit eines Naturbaustoffs zeugen.

Tapete

Eine »kalte« und »nackte« Mauer mit einem Papier zu bekleben, zeugt von dem Bestreben, die harten Raumbegrenzungen etwas weicher zu gestalten. Tapeten kaschieren nicht nur kleine Unebenheiten der Wand, sondern fühlen sich auch weicher und wärmer an. Eine weiß getünchte Mauer strahlt dadurch größere Distanz aus als eine cremefarbene Raufasertapete.

Bedruckte Papiere dekorieren die Flächen und machen aus einer Wand ein komplettes Bild. Diesem »Gemälde« muss ein Raum auch gewachsen sein.

Holzvertäfelungen

Die Mauer mit Holz zu verkleiden kennt jeder aus älteren Bauernhäusern und aus Schlössern oder Herrensitzen. Die Art, wie das Holz verarbeitet ist und welches Holz mit welcher Oberfläche verwendet wird, bestimmt den Eindruck. Eine Zirbenholzfläche mit Rahmen und Füllung vermittelt uns eher einen rustikalen Eindruck. Gelackte und farbige Oberflächen mit eingelegten Goldkanten vermitteln einen edlen Eindruck. Die Wirkung des Stils kann man im entsprechenden Kapitel nachlesen (siehe Seite 80). Die Intention der Holzverkleidung ist wieder der weichere und wärmere Kontakt. Holz isoliert die Kälte und vermittelt Wärme. Holzoberflächen gelten als Handschmeichler; sie gestalten auf natürliche Weise und dämpfen den ansonsten harten Kontakt zur Mauer. Holzverkleidungen sind der Ruf nach Wärme und Geborgenheit.

93

Spiegel

Ein Spiegel ist die härteste Form des Kontakts. Glas und Metall sind als Material schon hart und kalt. Die beiden Materialien bekommen durch die Fähigkeit, das Gegenüber eins zu eins und ohne Beschönigung zu spiegeln, einen besonderen Wert. Gespiegelt zu werden muss man aushalten können und ist nur für Narzissten ausschließlich angenehm. Im Raum erweitert ein Spiegel die optische Wahrnehmung der Größe, weil er eine größere Tiefe suggeriert. Der Spiegel zaubert, indem er Dinge erscheinen lässt, die sich an anderer Stelle im Raum befinden. Er verblüfft, weil jeder neue Blickwinkel eine neue Perspektive bringt.

Der Spiegel als Gestaltungselement im Wohnen deutet auf ein Sicherheitsbedürfnis und den Wunsch nach Anerkennung hin.

Nehmen Sie sich wieder ein paar Minuten Zeit und stellen Sie sich folgende Fragen zu Ihrer Art der Wandgestaltung:

→ Wie sind meine Wände, wie wünsche ich mir die Art des Kontakts mit meiner Umwelt?
→ Wie reagiere ich auf Härte oder Weichheit?
→ Wie wirkt Leere oder Fülle auf mich?
→ Welche Konsequenzen hat das auf meine Art, mit Begrenzungen umzugehen?

Fensterdekorationen und Vorhänge

Die Art der Fensterdekoration hat sich in den letzten zwanzig Jahren sehr verändert. Neben den »klassischen« Vorhangbahnen, die gerafft zu senkrechten Faltenbahnen als Schals links und rechts neben den Fenstern zu finden sind, haben sich neue Formen der Dekoration ergeben, die die Betonung weniger auf die Umrahmung des Fensters legen, sondern mehr auf flächige und seitlich verschiebbare Elemente oder horizontal wirkende Elemente.

Schiebevorhänge sind eine Art, den Raum zu gestalten, während Vorhänge das Fenster gestalten, weil die Vorhangbahn immer als Dekoration bleibt, wäh-

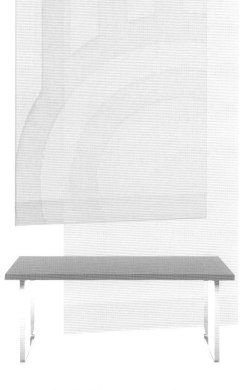

Gold gehandelt wurden, weil das Musterweben sehr teuer und selten war. Heute hat sich der Wertbegriff fast ins Gegenteil gewandelt: Die bunt gemusterten Stoffe finden sich oft in der Billigkategorie der Kaufhäuser und schlichte Muster, edle Materialien in den hochwertigen Fachgeschäften.

Natürlich gibt es immer noch hochwertig und aufwendig hergestellte Jacquardwebereien mit klassisch-zeitlosen Mustern. Nur sind diese von der gedruckten Billigware für den Laien kaum zu unterscheiden. Daher entwickeln sich Trends auch oft in eine neue Richtung, weil Nachahmungen den emotionalen Werteverfall eines Produktes einläuten. Was es schon in einem Billigmöbelhaus nachgemacht gibt, wird für die Design-Vorreiter und den individuell orientierten Menschen uninteressant.

Die klassischen »blumigen« Stoffbahnen stehen daher heute für einen konservativen Menschen, der sich ein Stück der heilen Welt ins Haus holen möchte. Er ist mehr an einer höfischen Kultur der Herrscher als Maß über den Geschmack orientiert und teilt oft auch deren konservative Werte. Als Vergleich könnte man sagen, dass der klassische Vorhangfreund das Ballkleid vor der engen Jeans bevorzugt. Das ist natürlich nicht im übertragenen Sinn gemeint, denn was

rend die Schiebebahn als Fortsetzung des Raums wirkt.

Die klassischen Vorhangbahnen sind höfischen Ursprungs und waren selten zum Schließen der Fenster gedacht, sondern eher als Zierde und Bildnis für die Umrahmung der Fenster. Sie kommen aus einer Zeit, in der gemusterte Stoffe noch mit

Modernität angeht, sind wir in den Kleidungsstücken sehr viel weiter als in unserem Wohngeschmack.

Der Schiebevorhang symbolisiert den modernen Menschen, der eher das Praktische und Gestalterische im Sinn hat als die Dekoration.

Gestaltung ist ein Akt, der den Gesamtzusammenhang im Raum betrachtet. Dekoration meint in diesem Fall eine Ausstellung von Gegenständen.

Das Fenster als Kontaktmöglichkeit zur Außenwelt und zur Kommunikation hat viel mit unserer Einstellung zu diesem Thema zu tun. Wer nur den Schmuck kennt (seitliche Dekorschals) und keine Möglichkeit der Abgrenzung, der ist sicher auch mehr darauf bedacht, dass Kommunikation auch immer schön verpackt ist. Man hat ja auch nichts zu verbergen. Und vielleicht will dieser Typ auch nicht, dass man meinen könnte, dass man noch nicht aufgestanden sei und nur Rechtschaffenes tut. Denn das scheint ihm bei geschlossenen Vorhängen nahezuliegen.

→ Wie direkt oder indirekt gestalte ich meine Kommunikation mit der Umwelt?
→ Wie gehe ich mit Dekoration und Ausschmückung meiner Fenster um?
→ Welche Funktion haben Fenster und deren Dekoration für mich?

Wärme

Gerade im Winter fällt einem auf, dass unterschiedliche Menschen andere Temperaturen angenehm empfinden als wir selbst. Bei älteren oder kranken Menschen wissen wir, dass es gesundheitlich bedingt ist und der Körper es schwerer hat, eigene Wärme zu erzeugen.

Doch wie kommt es bei gesunden Menschen im besten Alter zu einem so unterschiedlichen Empfinden?

Wem ist es nicht schon passiert, dass er bei Freunden oder Verwandten zu Besuch war und ihm bereits beim Öffnen der Tür ein Wärmeschwall entgegenkam, der einen sich sofort die Kleidung vom Leib reißen lässt.

Ich bin jedenfalls so gestrickt, denn ich bin ein Kaltblüter. Im Winter bevorzuge ich eine Raumtemperatur von maximal 19 Grad und ich kann Wohnräume mit einer Temperatur von 23 Grad nicht aushalten. Noch dazu, wenn eine Fußbodenheizung mit hoher Strahlungswärme einem die Hitze geradezu in die Füße presst. Schon nach zwanzig Minuten habe ich dann geschwollene Beine und die Muskeln zucken und die Haut fängt zu jucken an. Andere Menschen sind nahezu gelähmt, wenn sie frieren. Schon ein kleiner Luftzug bewirkt eine Nackensteife.

Die Art der Wärmeerzeugung ist dabei ein entscheidender Wohlfühlfaktor, weil die Wärmequelle sowohl einen physischen als auch psychologischen Unterschied im Empfinden ausmacht.

Die Strahlungswärme eines Kachelofens ist gegenüber Konvektoren eine ganz andere Wärme, die die meisten Menschen sehr gut vertragen und auch bevorzugen. Obwohl die Ausstrahlung sehr viel heißer ist, als wir es benötigen, wird die Wärme anders wahrgenommen, weil man sich ihr durch Entfernen entziehen kann. Psychologisch wird der Kachelofen als gemütlich und heimelig wahrgenommen. Durch diese positiven Assoziationen und den Gedanken an das prasselnde Feuer wird die gleiche Raumtemperatur als höher wahrgenommen.

Dem Wärmepolster einer Wand- oder Fußbodenheizung kann man sich kaum entziehen; es wirkt wie der Gang aus einem tiefgekühlten Flugzeug auf die Flughafentreppe in einem feuchtheißen Tropenland. Die Wärme drückt quasi von allen Seiten und lässt uns keine Ausflucht.

Die Konvektorenheizung mit Heizkörpern ist technisch die einfachste und billigste Lösung, von der Körperempfindung jedoch die ungünstigste Variante, weil sehr viel Luft umgewälzt wird, der Boden kalt bleibt und der Kopf heiß wird. Dies sorgt zwar für Wachheit, weil wir mit kalten Füßen nicht einschlafen können, angenehm ist es nur für die wenigsten Menschen. Diese Art der Wärmeerzeugung wird bei gleicher Temperatur am kältesten wahrgenommen.

Auch die Körperkonstitutionstypen entscheiden maßgeblich, wie Wärme wahrgenommen wird. Wer ein hitziges Gemüt hat, hat viel inneres Feuer, besitzt einen schnellen Stoffwechsel und ist eher ein Typ, der selbst viel Wärme erzeugt. Das hat mit der Konstitution zu tun, aber auch mit der Ernährung. Die thermische Wirkung von Lebensmitteln kann man in jeder Ayurveda-Literatur nachlesen. Es sei nur so viel gesagt, dass die meisten Lebens- oder Nahrungsmittel, und zwar unabhängig von ihrer tatsächlichen Temperatur, im Körper eine thermische Auswirkung haben. Dass einem auf scharfe Gewürze heiß wird, weiß jedes Kind. Dass jedoch Grüntee, unabhängig von der Temperatur des Wassers, kühlend wirkt und den Stoffwechsel verlangsamt, ist sogar den meisten Teetrinkern neu. So beeinflusst eine Vorliebe für das, was wir zu uns nehmen, auch unsere Temperatur und unser Wohlbefinden nachhaltig. Bevor man also die Temperatur im Wohnzimmer erhöht, schaut man lieber auf den Speiseplan und versucht, im Winter weniger Rohkost und Salat, dafür mehr Gebratenes und wärmende Gewürze wie Zimt oder Ingwer zu sich zu nehmen. Im Prinzip gilt die Faustregel: Dort, wo das Lebensmittel bevorzugt wächst, macht es die Temperatur im Körper, die wir benötigen. Die spannende Frage ist, warum wir gerade das eine Lebensmittel oder eine bestimmte Zubereitungsart bevorzugen und andere nicht mögen und dadurch unsere Körperfunktion entsprechend beeinflussen. Manche schaffen es, ihr Leben lang genau das für sie Falsche zu essen. Sie sind ein Leben lang im Kampf mit ihrem Körper und suchen instinktiv die für sie schwierigste Konstellation. Andere finden einen guten Draht zu sich und sind im Einklang mit dem Leben und dessen Herausforderungen. Natürlich hat jeder auch die Freiheit zu wählen, ob er genau das isst, was ihm nicht

guttut, nur weil es ihm schmeckt – weil er die Konsequenzen dafür tragen muss.

Beim Wohnen verhält es sich genauso. Die hohen Heizkosten sind nur ein Faktor. Die Trägheit, die eine zu große Wärme verursachen kann, ist der Preis, den jeder selbst tragen muss.

Es ist eine Art Anspruchshaltung, die uns veranlasst, dass wir denken, die Umstände müssen auf uns ausgerichtet werden und nicht umgekehrt. Menschen, die sich die Wohnung im Winter auf eine höhere Temperatur aufheizen, als wir sie im Sommer an den meisten Tagen erreichen, sind meist anspruchsvoll und neigen eher zur Unlebendigkeit. Frauen dagegen brauchen wahrscheinlich tatsächlich mehr Wärme, weil man davon ausgeht, dass die größere Körperoberfläche (im Verhältnis zu den Wärme erzeugenden Muskeln) einen größeren Wärmeverlust mit sich bringt.

Bei der Art der Wärme kann sich aus finanziellen Gründen nicht jeder die Heizung aussuchen, die er bevorzugen würde. Doch wenn sie selbst gewählt wird, ist eine *Fußbodenheizung* die Wärme einer beschützenden Rundumvorsorge. Es ist eher der technikvertrauende Typ, der überall gleich gute Bedingungen vorfinden und sich nichts vorschreiben lassen will. Er bevorzugt die Ästhetik des unsichtbaren Komforts.

Der *Kachelofen* wird vom naturnahen Feuertyp bevorzugt. Er will das Feuer sehen und auch selbst erzeugen, weil er seinem eigenen Feuer mehr vertraut als der modernen Technik. Er liebt das urtypische Holzfeuer, das wie vor Tausenden Jahren für ein warmes Lagerfeuer und einen Braten am Spieß sorgte.

Der rationale Typ, der die *Heizkörper* wählt, entscheidet sich für die preisgünstigste Art der Wärme. Die Optik stört ihn nicht oder er ist nicht bereit, dafür zu bezahlen. Er liebt auch die Möglichkeit, jederzeit Einfluss auf die Wärme nehmen zu können, denn er kann das Ventil jederzeit schließen oder öffnen. So entzieht sich nichts seiner Kontrolle.

In unseren Breitengraden kommt ein Phänomen immer häufiger auf, das wir aus Asien und Amerika gut kennen: Die *Klimaanlagen* dieser Welt verursachen wahrscheinlich einen noch größeren Klimaschaden als die Heizungen, weil sie mit Strom funktionieren, der erst mit großen Effizienzverlusten hergestellt und transportiert werden muss. Natürlich gibt es Situationen, die eine Klimaanlage erfordern. Wer hat sich nicht schon einmal gefragt, warum diese scheinbar ständig auf maximale Leistung eingestellt werden müssen? Oft hat man das Gefühl, in einer solchen »Kältemaschine« zu frieren, weil wir aus dem Warmen kommen und die Umstellung so extrem ist. Auch hier werden unsinnigerweise mit hohem Aufwand kältere Temperaturen erzeugt, als wir angenehm finden.

Wenn durch die Bauweise eine Kühlung notwendig wird, weil sich Büros sonst bis zu 45 °C aufheizen, stellt sich die Frage, ob die Gestaltung der Architektur hier verantwortungsvoll mit Energie umging. Bis heute ist es Standard in deutschen Bürobauten, dass die Abwärme der Klimaanlagen ungenutzt in die Umwelt geleitet wird, selbst wenn im gleichen Gebäude für die Bereitung von warmem Wasser wieder Energie aufgewendet werden muss. Da aber die Energie vom Nutzer und nicht vom Gebäudeeigentümer bezahlt werden muss, wird sich hierbei nicht so schnell etwas ändern.

Meditationsanleitung –

Das Innere entdecken

Hier eine kurze Anleitung zu einer Meditation, die jeder selbst machen kann.

Setzen oder legen Sie sich entspannt hin, lockern Sie alles, was spannt. Lassen Sie die Augen zugehen und richten Sie die Aufmerksamkeit nach innen. Geräusche von außen kommen und gehen und sind jetzt nicht wichtig. Sie wenden sich ganz nach innen und horchen. Atmen Sie aus und lassen Sie die Anspannung aus den Schultern einfach fallen. Lassen Sie sich einfach von Ihrem Atemrhythmus tragen, der Sie immer begleitet wie ein guter Hirte. Ein und aus. Bei jedem Ausatmen können Sie noch ein wenig mehr loslassen.

Vielleicht merken Sie schon jetzt, dass ein Arm schwerer wird. Geben Sie einfach das ganze Gewicht und die Last ab an die Erde, die Sie freiwillig trägt und empfängt. Ihr Körper muss jetzt gar nichts tun, einfach nur da sein und das Gewicht abgeben.

Stellen Sie sich einen Ort in der Natur vor, an dem Sie sich außerordentlich wohlgefühlt haben, und wenn Ihnen dazu kein Bild erscheint, stellen Sie sich vor, wie es sein könnte. Ein Platz in der Natur, der Sie inspiriert, wo Sie als Kind glücklich gespielt haben oder wo Sie einfach angenehme Erlebnisse hatten.

An diesem Ort, der für Sie eine besondere Kraft hat, entdecken Sie in der Ferne ein Haus. Langsam kommen Sie näher und das Haus wird deutlicher zu sehen. Dann stehen Sie vor der Haustüre und treten ein in das Haus. Die besondere Stimmung nimmt Sie gleich gefangen und Sie riechen einen angenehmen Duft, der die Räume durchströmt. Eine besondere Licht- und Farbstimmung fällt Ihnen auf und lockt Sie in die anderen Räume. Der Klang des Bodenbelags fällt Ihnen auf. Die Möbel sind irgendwie besonders, vor allem ihre Form und die Oberflächen. Dann kommen Sie zu den Fenstern, die irgendwie durch die Dekoration betont sind und den Blick nach draußen freigeben. Die Atmosphäre ist einfach zum Wohlfühlen und dazu tragen auch die Farben in diesen Räumen bei, die Sie besonders gern mögen. Nachdem Sie alles erkundet haben und sich in aller Ruhe angesehen haben, gehen Sie zurück zum Eingang, weil Sie dort eine Treppe entdeckt haben, die in ein weiteres Stockwerk führt. Sie nutzen die Gelegenheit, um das Geheimnis der anderen Räume dieses Hauses zu entdecken. Nachdem Sie die letzte Stufe verlassen haben, werden Sie auch hier von der Besonderheit des Raumes in Beschlag genommen. Die Farben, das Licht und die Anordnung der Möbel sind irgendwie ganz eigen, aber doch vertraut. Wie hier die Räume ineinander übergehen und angeordnet sind, ist auf eine Weise gestaltet, die Ihren Bedürfnissen sehr entgegenkommt. Auch in diesem Stockwerk sehen Sie sich ausführlich um und lassen die Eindrücke auf sich wirken.

Zum Schluss wollen Sie sich das letzte Stockwerk nicht entgehen lassen und nutzen wieder die Treppe, um dorthin zu kommen. Wohin sind Sie dieses Mal gelangt? Auch hier ist wieder eine ganz eigene Stimmung auszumachen, die Ihnen sehr entgegenkommt. Erkunden Sie auch hier die einzelnen Räume und Bereiche, um sich ein Bild zu machen und ausführlich umzusehen. Nachdem Sie auch diese Ebene erkundet haben, gehen Sie zum Eingang des Hauses und lassen noch einmal Revue passieren, welche Gefühle Sie jetzt eingefangen haben und welche Eindrücke sich eingeprägt haben. Mit dem sicheren Wissen, dass Sie alles gespeichert und fest in Ihrem Herzen haben, verlassen Sie das Haus und sehen noch einmal zurück auf den Ort, der Sie glücklich macht, und versuchen noch zu entdecken, wen Sie dort noch getroffen haben könnten. Mit welchen Menschen würden Sie gerne dieses Zuhause teilen?

In Dankbarkeit für Ihre Inspiration können Sie jetzt ganz in Ihrer Geschwindigkeit wieder in das Hier und Jetzt zurück-

kehren. Dazu nehmen Sie einen tiefen Atemzug, bewegen langsam Ihre Finger und strecken sich, um dann zum Schluss die Augen wieder zu öffnen.

Wohnsituationen, die herausfordern —

Lösungsansätze

Hausbau

Haus fertig – Ehe auch? Wer umzieht und sich für eine neue Wohnung oder ein neues Haus entscheiden muss oder gar ein neues Haus baut, steht vor ähnlichen Fragestellungen. Die Freiheit, auswählen zu können, ist für viele eher belastend als befreiend, weil man sich auch tatsächlich entscheiden muss.

Da sich meistens ein Paar oder eine Familie ein Haus baut, kommen hier zusätzliche Herausforderungen ans Tageslicht, mit denen man möglicherweise nicht gerechnet hat. Denn die Entscheidung, wie man die nächsten zwanzig oder dreißig Jahre sein Leben plant, umfasst nicht nur Fragen über Geschmack oder Funktionalität.

Das Bauen eines Hauses ist für die meisten Menschen ein Lebenswerk und es soll viele Träume und Erwartungen erfüllen. Die erste Streitfrage kann der Stil des Hauses sein.

Beispiel:

Bei dem Paar H. bat mich der Architekt um Unterstützung. Er käme nicht mehr mit den Bauherren zurecht, weil einer der beiden einen völlig anderen Stil wollte. Dadurch wollten beide das Vorhaben aufgeben. Der Mann des Paars wünschte sich ein spitzes, traditionelles Dach mit Gauben und einem breiten Überstand. Die Frau träumte von einem modernen und glasbetonten Flachdachstil. Der Hintergrund der Wünsche war bei ihm ein großes Schutzbedürfnis, obwohl er umsorgende Eltern hatte und auch die finanziellen Mittel, um den Hausbau allein durchzuziehen. Bei genauerem Hinsehen stellte sich heraus, dass er die Eltern zwar als beschützend und umsorgend erlebt hatte, aber auch als sehr bestimmend und kontrollierend. Die Elternliebe wurde nicht als Unterstützung zur Selbstständigkeit wahrgenommen, sondern als

Überwachung und Einflussnahme. Das Haus war dadurch auch Trutzburg und Schutz gegen die geliebten Eltern, denen gegenüber man dankbar sein musste. Gleichzeitig war eine unbewusste Abgrenzung notwendig.

Sein Sicherheitsmodell war das Wohnen unter dem Dach und die Ablösung von der Erde als Sinnbild für die Ablösung von den elterlichen Wurzeln und die Hinwendung an die selbst gestaltete Freiheit.
Die Frau war mutterlos beim Vater und den Großeltern aufgewachsen und fühlte sich nie wirklich geborgen und zugehörig. Ihr Sicherheitsmodell war die Öffnung nach außen. Ihre Sicherheit bestand in Beziehungen, die sie selbst nie als stabil genug oder wirklich nährend erlebte. Dies versuchte sie nun nachzuholen. Der gewünschte Flachdachbungalow mit Anbindung an Garten und die Erde war der Versuch, sich an Wurzeln anzubinden und die vermisste Erdung nachzukonstruieren. So hatten sich zwei Menschen gefunden, die sich zwar ursprünglich die Sehnsüchte erfüllten, aber gleichzeitig auch die damit verbundenen Ängste schürten. Er wollte durch die massive Nähe und Verbindlichkeit von Beziehungen nicht mehr so kontrolliert werden und sie wollte durch verbindliche Beziehungen endlich die ersehnte Nähe und

Zugehörigkeit. Beide sahen im Partner den Retter. Sobald aber Schlüsselreize fehlen oder überhandnehmen, kippt das Gefühl und der Retter wird zum Verfolger. Dafür kann keiner der beiden etwas und es passiert nicht absichtlich, aber es passiert eben. Die Lösung bestand darin, dass dieser Prozess offengelegt wurde und beide für die eigenen Bedürfnisse sensibler wurden. So konnten sie aufeinander zugehen und sich Nähe und Geborgenheit geben und auch besser allein mit dem momentanen Gefühl umgehen, ohne es auf den anderen zu projizieren.
Im Grunde betrachtet ging es nie um einen Stil, sondern immer um die dahinterliegende Frage der inneren Sicherheits- und Geborgenheitsideen. Diese drücken sich im gewünschten Stil aus, doch sie können dadurch nicht wirklich erlöst werden. Der »richtige Stil« stillt zwar ein äußeres Bedürfnis, aber die frühere traumatisch erlebte Geschichte des Kindes im Erwachsenen wird nicht ausgeglichen, sondern nur weiter verdeckt.

Wenn man sich in der Phase des Neubaus befindet, in der die Pläne vorliegen und die Absegnung für den Grundriss notwendig ist, trifft man Entscheidungen, deren Folgen die nächsten Jahrzehnte beeinflussen und bestimmen können.
Wollen wir ein Kind oder mehrere? Wie

viel Platz gestehen wir möglichem Besuch zu und planen ein Gästezimmer? Können wir in zwanzig Jahren noch gut Treppen steigen oder sollten wir jetzt schon vorausdenken und einen Aufzug einbauen?

All diese Fragen lassen sich leichter beantworten, wenn man feste und kontinuierliche Verhältnisse für die nächsten Jahre vorausplanen kann. Aber wie funktioniert das in unsicheren Zeiten oder wenn die Gefühle zum Partner wechselhaft sind? Wie lege ich mich für die ferne Zukunft fest, wenn nicht einmal die nahe Zukunft eindeutig oder sicher ist?

Uns Europäern fällt es im Vergleich zu Amerikanern nicht leicht, unser Haus samt Inhalt wie Bettwäsche und Besteck zu verkaufen. Wir planen meist auch sehr lange und sorgfältig und individualisieren unser Heim intensiver. Wir können dadurch nicht erwarten, dass anderen Menschen unsere Ideen genauso wichtig und wertvoll sind wie uns selbst. Durch unsere Geschichte würden wir unser Leben gerne im Rahmen der Generationen und der Familientradition sehen. Unsere Sicherheitskonzepte bestehen bewusst oder unbewusst aufgrund der vorgelebten Ideale, die wir in uns speichern.

Mir erscheint es besonders wichtig, die Dinge zu hinterfragen, über die wir scheinbare Sicherheit haben. Es ist bereits ein bewusst offener Prozess – vor allem wenn wir nur eine vage Vorstellung haben, oder vielleicht nur eine Idee existiert. Dieser ist meist noch nicht entschieden und kann dadurch die Bedeutung verändern oder ist formbar.

Die klaren Sicherheiten, die wir für gegeben oder unveränderbar halten, bergen das größte Potenzial, uns mit Traditionen, unserer Elternbeziehung und unseren inneren Normen kreativ auseinanderzusetzen. Was wir für selbstverständlich oder unverrückbar halten, entspricht oft nicht unserem ureigenen Konzept der Lebensplanung. Es sieht so aus, als wäre dies der Fall, wie uns das Beispiel mit dem Paar und seinem Dach zeigt.

Sein Leben lang in einer Kompensation zu bleiben, verhindert das Eigene freizusetzen. Es ist das scheinbar Eigene, das uns davor schützt, das Dahinterliegende aufzudecken und nach unserem Gusto zu verändern und gestalten. Nirgendwo wird das sichtbarer als beim Hausbau.

Umzug in die Wohnung des neuen Partners

Trennt sich ein Paar und die Menschen gehen wieder getrennte Wege, bleibt oft einer der beiden in der ursprünglich gemeinsamen Wohnung und der andere zieht aus.

Verliebt sich dann derjenige, der wohnen bleibt, aufs Neue, steht irgendwann die Frage an, ob der neue Partner einzieht. Dann hat man auf einmal zwei Haushalte. In die Wohnung eines neuen Partners umziehen ist besonders dann problematisch, wenn zuvor der Expartner in dieser Umgebung gewohnt hat. Das hat nichts mit Esoterik oder Voodoozauber zu tun. Für den verbleibenden Menschen ist es schwierig, weil er sich nicht auf die Situation mit dem neuen Partner einstellen kann. Er wird immer wieder an die alten Geschichten erinnert. Um sich wirklich auf Menschen einlassen zu können, muss man auch innerlich frei sein. Der neue Partner wird unweigerlich feststellen, dass er in ein gemachtes Nest eindringt (oder einer der beiden es zumindest so empfindet) und nicht er oder sie dieses Nest geprägt hat, sondern ein anderer Mensch.

Ein Revier ist ein zugehöriges Territorium, über das man die Herrschaft hat. Es dient eigentlich nur dazu, sich ein Nest zu bau-en, in dem man Intimität und Schutz genießen kann. Lässt man diese Phase aus und ergreift nicht Besitz von »seinem Territorium«, wird man dies kompensieren müssen. Dabei ist es gleichgültig, ob man es versäumt hat oder es unmöglich ist. Die einfachste, aber nicht gerade unaufwendigste Lösung wäre, zusammen eine neue Wohnung, ein neues Haus zu suchen. Geht dies aus unterschiedlichen und sicher verständlichen Gründen nicht, schlage ich einen etwas ungewöhnlichen Weg vor.

Beispiel:

Für Familie K. hatte ich die Wohneinrichtung geplant. Das Paar war zehn Jahre lang damit zufrieden, bis zu dem Tag, als sich die beiden trennten und eine neue Frau in das Haus einzog. Der Mann war weiterhin zufrieden mit seiner Einrichtung, doch die neue Frau fühlte sich (in der Einrichtung der ersten Frau) gar nicht wohl. Ich schlug vor, zunächst das alte Wohnzimmer komplett auszuräumen und Stück für Stück neu zu entscheiden, was beiden gefiel und weiter benutzt werden sollte, so, als ginge man in einen Theaterfundus und entdecke hier und da Raritäten, die man noch gebrauchen kann. Dadurch gelang eine ganz neue Gestaltung des Raums und gleichzeitig hatte sich das Paar gemeinsam neu ein-

gerichtet. Die Couch wurde an eine andere Stelle gestellt, die Sitzkissen neu bezogen, ein Sideboard der neuen Partnerin integriert und die Vorhänge als glatte Schiebebahnen umgenäht und nicht neben, sondern vor die Fenster gehängt. In Abstimmung mit dem neuen Sitzkissenbezug wurde die Wandfarbe geändert und plötzlich sah der Raum völlig verändert aus. Der Aufwand war überschaubar und die Wirkung so, als wäre alles neu. Vor allem, und das ist das Hauptaugenmerk der Wohnpsychologie, fühlten sich die »neuen« Nutzer sehr wohl und »erfrischt«.

Das Ungewöhnliche daran ist nicht, dass der neue Partner sich in das Gemeinsame einbringt, denn das wird wohl meistens geschehen. Ungewöhnlich ist eher, so zu tun, als würde man gemeinsam von vorn beginnen. Das Ausräumen macht sicher einige Arbeit, doch den Raum leer zu sehen und in den Prozess des Einrichtens neu und gemeinsam einzusteigen, ist heilsam und schafft Gemeinsamkeit.

Zu viel Ballast belastet

Wer einmal für längere Zeit in Urlaub war und sich beschränken musste, weiß, wie wenig man doch braucht. Die Bewohner der klassischen Asien-Ferienländer machen es uns vor: Glück hat mit Reichtum nichts zu tun – jedenfalls nichts mit Reichtum, der sich im Besitz von Dingen ausdrückt. Und doch fällt es uns oft unendlich schwer, zu verzichten oder loszulassen und uns zu verändern.

Erlebt man das Wohnen bewusst als Weg, wird man feststellen, dass eine innere Entwicklung mit einer äußeren einhergeht. Niemand ist mit fünfzig noch der Gleiche wie mit dreißig. Wenn also sich im Lauf der Zeit vieles in einer Wohnung angesammelt hat, was möglicherweise nicht mehr zu einem passt, ist es heilsam, zu entrümpeln.

Hier kann wieder das komplette Ausräumen eines Zimmers helfen, weil es neue Blickwinkel schafft und die gewohnte Ordnung infrage stellt. Nach dem Ausräumen beginnt man den Raum neu zu sehen und holt sich erst bei Bedarf Stück für Stück wieder zurück. Dann kann man sich beim Einräumen wieder grundsätzliche Gedanken machen und prüfen, ob ein gewohnter Standort für Couch, Tisch und Bett unbedingt auch der beste ist. Der für heute beste Platz ist gemeint!

Bücher, Zeitschriften und Bilder können darauf geprüft werden, ob sie einem noch den emotionalen Wert geben, den man ihnen damals bei der Beschaffung beigemessen hat.

Sich von Überflüssigem zu trennen, ist ein Loslassen von Ballast. Gerade wenn sich die Lebenssituation ändert, lohnt es sich, Überflüssiges abzuwerfen und sich zu erleichtern, damit Platz für etwas Neues ist und das Alte würdig verabschiedet werden kann. Wer immer nur noch mehr sammelt, beschwert sich im wahrsten Sinne des Wortes und tut sich mit den Veränderungen schwer, die das Leben gezwungenermaßen mit sich bringt.

Wir können immer wählen, wie wir diese Veränderungen meistern. Auch wenn wir uns die Situationen nicht direkt aussuchen, können wir uns entscheiden, ob wir ihnen mit Freude begegnen oder in ein Jammern eintreten, weil die Situation so schlecht ist.

Ballast abzuwerfen und sich bewusst von Altem, Ungeliebtem, und Unbrauchbarem zu trennen, gibt neue Kraft und Energie.

Beispiel:

Mein Vater war Architekt und schon sieben Jahre nicht mehr berufstätig. Die ganze Familie hatte ihm nahegelegt, sich endlich von den alten Plänen, Büchern und Aufzeichnngen zu befreien. Er zögerte lange, doch irgendwann rief er mich an und fragte mich, ob ich den Transporter frei hätte. Mir war klar, dass diese Chance genutzt werden musste. Für ihn, damit er diesen Ballast und die damit gebundene Energie loswerden konnte, und für mich, damit ich mir nicht mehr anhören musste, wie viel Platz das alles benötige und dass womöglich noch ein alter Bauherr käme und etwas wissen wolle – was nie geschah, mein Vater war immer sehr gewissenhaft und sorgfältig. Dann räumten wir 1,3 Tonnen Papier und Unterlagen aus und langsam, aber sicher verfiel er in eine Art »Wegwerfrausch«. Hatte er zuvor noch überlegt, vielleicht hier oder dort noch etwas aufzuheben, wurde er mit seinen dreiundsiebzig Jahren richtig übermütig, er erschien zwanzig Jahre jünger und voller Elan. Mit Vergnügen fuhr er mit in das Recyclingzentrum, um zuzusehen, wie ein Schredder vierzig Jahre Arbeit in Minuten zu Konfetti machte. Er war für zwei Minuten traurig, weil so viel Arbeit und Sorge in Windeseile verschwunden war. Aber danach fühlte er sich erlöst und ging beschwingt auf den Golfplatz.

Kurze Zeit später stürzte sein Computer ab und vernichtete alle alten Daten. Das Problem hatte sich von selbst erledigt. Und auch hier reagierte er ähnlich: zwei Minuten Grabesstimmung und dann die große Erleichterung.

Zwei Haushalte zusammenführen

Das Integrieren von alten Dingen oder zwei Haushalte zusammenzuführen sind größere Herausforderungen. Vor allem, wenn sich die Stile unterscheiden. Versucht man dies mit Gewalt, misslingt es oft. Es gibt Stile, die gar nicht zusammenpassen, weil sich die Philosophie widerspricht, die dahintersteht. Rustikal/elegant ist ein Beispiel für eine Mischung, die schwierig zu harmonisieren ist, weil zwei Weltanschauungen aufeinandertreffen. Das Rustikale ist die Verkörperung des Einfachen und eher etwas Groben mit hohem Anspruch an Gemütlichkeit und Natürlichkeit. Das Elegante steht für das Raffinierte, Außergewöhnliche und Feine und pflegt einen hohen Anspruch auf Repräsentanz, Individualität und Besonderheit. Als Beispiel könnten eine Fichtenholz-Ecksitzgruppe und eine Schleiflackkommode mit eingelegten Goldkanten für diese beiden Stile

stehen. Die Sitzgruppe will Nähe bewirken, Zusammenkommen und Gleichmachen. Die Kommode steht stellvertretend für höfliche Distanz, Individualität und ausgefeilte Raffinesse.

Wichtig erscheint mir, vorab erst zu klären, ob es überhaupt Sinn macht, die Dinge innerhalb eines Raumes zu mischen. Wenn eine Einrichtung stimmig ist und sich beide wohlfühlen, ist eine Veränderung vielleicht gar nicht nötig und die Vermischung würde nur Unruhe mit sich bringen. Eine Idee könnte durchaus sein, dass es Räume gibt, die der eine Partner eingerichtet hat, und solche, die der andere für sich gestaltet.

Gefährlich kann an dieser Stelle werden, wenn die Partner einen Konkurrenzkampf über die Möblierung oder den Stil austragen. Nach außen sieht dieser Streit dann aus, als ginge es um ein bestimmtes Sofa, die Integration einer bestimmten Leuchte oder um die angebliche Kühle im Raum. Tatsächlich ist durchaus möglich, dass hier eine Auseinandersetzung um Anerkennung losgetreten wurde und sich an einem scheinbar weniger heiklen Thema zeigt.

In Großbritannien wird, wenn man sich nicht einigen kann, ein Schlussstrich unter die Sache gezogen, indem man sagt: »We agree to not agree« (Wir sind uns darüber einig, dass wir nicht übereinkommen). Eigentlich eine schöne Idee, den anderen nicht auf Biegen und Brechen von seiner Meinung überzeugen zu wollen, sondern die unterschiedlichen Positionen und Werte stehen zu lassen. Einrichtungsfragen sind fast immer Wertefragen. Deshalb reagieren wir auch so empfindlich darauf. Denn von unseren Partnern wollen wir unsere Werte natürlich akzeptiert und angenommen wissen. Ein unterschwelliger Kampf greift unsere Werte an und »bringt uns deswegen gleich aus dem Häuschen«. Ein lustiges Sprichwort übrigens: Es macht deutlich, dass »die Fassung zu verlieren« gleichbedeutend ist mit »aus dem Häuschen zu sein«. Im Häuschen zu bleiben hieße also im Umkehrschluss, die Fassung zu behalten. Auch in der deutschen Sprache wurde der eigenen Behausung immer schon große Bedeutung beigemessen und der Stellenwert eines »bei sich sein« eingeräumt.

Wohnen mit Depressionen

Depressionen gehören zu den häufigsten Störungen überhaupt und befallen uns oft unbemerkt. Wer dazu neigt, richtet unbewusst durch erlernte Verhaltensmuster sein Zuhause der Stimmung entsprechend ein. Damit erhält die Depression oder deren Auswirkungen mehr Raum zur Manifestierung. Eine große Rolle spielen meist die Themen fehlende Abgrenzung, ungelebte Emotionalität, Lethargie und Angst.

Wir erkennen die Depression, wenn jemand niedergeschlagen ist, nichts mehr fühlt und sich nicht mehr am Leben beteiligt. Doch wer erkennt die Depression, wenn sie sich als ein Getriebensein zeigt oder als Narzissmus oder als Sucht? Auch eine starke Gewichtszunahme kann eine Depression als Grundlage haben und niemand würde sie dahinter so ohne Weiteres erkennen.

Die Einrichtung kann das erlebte Glück im Wohnen und die Depression beeinflussen. Der Depressive kann die Einrichtung allerdings unbewusst auch so gestalten, dass sie ihm das Herauskommen aus der Depression schwer macht. Meine Erfahrung aus über achthundert Beratungen zeigt, dass beide Einflüsse eine Rolle spielen. Hier einige Tipps, um der Einrichtung eine positive Stimmung zu geben:

113

Das Negative und Ungeliebte entfernen

Alles Alte, das mit negativen Erinnerungen verhaftet ist, oder an schlimme Erlebnisse erinnernde Dinge entfernen und verschenken oder entsorgen. Wir speichern zu den Dingen auch die Gefühle ab, und die Umstände, bei denen wir sie bekommen haben.

Ein gehasstes Pflichtgeschenk der Schwiegermutter verstaubt nicht nur im Regal, sondern nimmt uns auch Energie.

Selbst wenn wir nicht bewusst an die Erlebnisse denken, wenn wir beispielsweise auf ein Kriegsbild sehen, wird unser Unbewusstes daran erinnert und verknüpft auch die schrecklichen Assoziationen. Womit man in Resonanz geht, bestimmt daher auch, womit wir uns auseinandersetzen müssen. Das kann sich stärkend oder schwächend auswirken.

Die Einrichtung gegenwarts- oder zukunftsorientiert machen

Natürlich sind auch Erinnerungen schön und können uns Halt geben. Doch warum hängen wir uns nicht Bilder von zukünftigen Zielen auf?

Aus der Gehirnforschung ist längst bekannt, dass wir genau das machen, was wir uns vorstellen. So, wie wir beim Autofahren nach links schauen und dann unweigerlich leicht links lenken, können wir wählen, wohin wir unseren Blick richten. Wenn der Fokus in die Vergangenheit gerichtet ist, bleibt wenig Platz für Neues. Die Depression und der Schmerz bringen uns mit Gewalt in die Gegenwart. Warum nicht freiwillig machen, was sich der Körper sonst erzwingt?

Es ist uns angeboren, uns grundsätzlich an Schönheit zu erfreuen, wenn auch jeder Mensch einen eigenen Begriff dafür hat.

Aufräumen

Aufräumen heißt nicht, neue Halden hinter den Türen zu schaffen, sondern bewusst Dinge zu ordnen, damit wir sie auf Anhieb finden und eine innere logische Ordnung das Auffinden erleichtert.

Ordnen kann man dorthin, wo man die

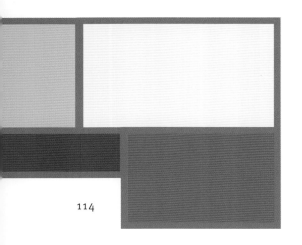

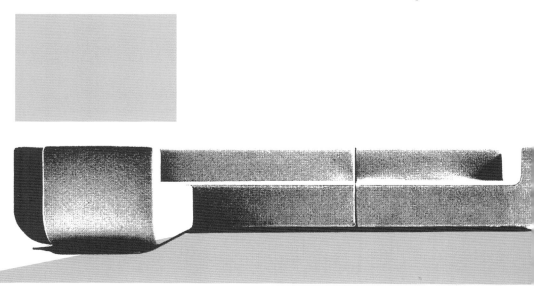

Dinge sucht oder braucht oder wo wir sie schön finden. In dieser Reihenfolge, denn die Schönheit als obersten Grundsatz festzulegen, kann für das tägliche Leben sehr anstrengend werden.

Aufräumen im Äußeren kann auch innerlich ordnen. Wenn ich mich vom Tagwerk ausruhen möchte oder klare Gedanken fassen will, hilft die äußere Ordnung auch zu einer inneren Struktur. Chaos färbt ab.

Platz und Raum zum Entspannen schaffen

Durch äußere Ruhe zur inneren Ruhe zu kommen, ist für viele Menschen schon eine Herausforderung und ungewohnt. Echtes Entspannen meint Abschalten und Loslassen der Gedanken, das Abstellen von Musik und Geräuschen, Einflüsse von außen an sich vorbeiziehen lassen, nichts tun außer atmen, die Knochen schwer werden lassen und nicht dagegenhalten. Dies ist besonders wichtig, wenn man zu Depressionen neigt, weil man sich erfahrungsgemäß sehr viel Druck macht. Zu dem Druck, den man sich selbst macht, erlaubt man oft noch, dass das eigene Gewissen unentwegt seinen Kommentar abgibt, und von außen betrachtet macht es den Eindruck, als suche man sich auch gerade noch die Freunde und Bekannten, die das schlechte Gewissen und den Druck verstärken.

Dadurch verkrampft der Körper und auch die eigenen vier Wände werden zum Gefängnis. Regelmäßige Meditation oder Entspannung kann ein erster Schritt sein, um aus dieser negativen Spirale zu entkommen und das Zuhause wieder als Ort zum Auftanken zu empfinden.

Die ideale Situation wäre, wenn man einen Raum oder einen Bereich hat, in dem man durch nichts abgelenkt und weder optisch noch akustisch gestört ist. Nicht überall oder in jeder Wohnung lässt sich das einrichten, aber zumindest kann man einen besonderen Platz aussuchen, der einem für dreißig Minuten Ruhe gewährt. Die Erfahrung zeigt, dass dies besser gelingt, wenn der Platz auch wirklich nur für echtes Entspannen verwendet wird. Dies hilft, ein Feld zu schaffen, das einem die Entspannung leichter macht und schneller in den Zustand des Loslassens kommen lässt.

Zur Not tut es auch ein bequemer Küchenstuhl und die geschlossene Tür in diesem Raum. Die ideale Form der Entspannung ist für mich die Meditation, nicht nur, weil sie so einfach zu lernen ist. Wer sich mit ihr beschäftigt und die positiven Auswirkungen einmal kennengelernt hat, mag sie nicht mehr missen. Nachweislich senkt eine tägliche halbe Stunde Beschäftigung mit sich den Blutdruck und beugt damit dem Todesfaktor Nummer 1, den Gefäßkrankheiten, vor. Eine Anleitung zur Meditation finden Sie auf Seite 102.

Helligkeit

Gerade im Winterhalbjahr wirkt sich fehlendes Licht extrem auf die Psyche aus. In vielen Wohnungen sind die Fenster mit Pflanzen verstellt oder mit dichten Vorhängen verdeckt, sodass kaum noch Licht ins Zimmer dringt. Gerade das Tageslicht hat einen sehr positiven Effekt auf unsere Psyche und kann nur schlecht ersetzt werden.

Hilfreich sind auch Vollspektrum-Lichtquellen, meist in Form eines Kompaktstoffleuchtmittels oder als Lichtdusche, nicht nur bei einer saisonalen Depression.

Außenorientierung

Menschen in einer depressiven Phase sind oft nach innen und auf sich orientiert. Es fällt ihnen tendenziell eher schwer, auf andere Menschen offen zuzugehen. Meist haben sie Angst, die Ansprüche der anderen und die eigenen nicht erfüllen zu können oder keinen guten Eindruck zu hinterlassen. Sie definieren sich über die Mitmenschen und weniger über den Eigenwert. Das führt zu Selbstzweifeln, Grübeleien und Hilflosigkeit.

Wenn wir selbst auch hohe Perfektionsansprüche an uns haben, wird es uns auch schwer fallen, einfach Menschen nach Hause einzuladen oder eine Stegreifparty zu geben. Gerade das spontane »Sich-den-anderen-Zumuten« kann eine wichtige Stütze sein, mehr Selbstwertgefühl zu entwickeln. Wer den Aufwand einer großen Einladung scheut, kann die Gäste bitten, etwas zu essen mitzubringen. Wir sollten uns trennen von dem Gedanken, dass in unserem Haushalt alles perfekt sein müsste. Das Perfekte schreckt Menschen eher ab. Wenn wir uns an spontane Einladungen früherer Zeiten erinnern:

Waren die Einladungen deswegen schön, weil alles perfekt war? Meist amüsierten wir uns besonders, weil wir ungezwungen sein konnten und nicht auf die Etikette achten mussten.

Eine Kundin erzählte, dass sie damals, kurz nach der Schule, jeden Samstagabend vor dem Weggehen mit ihren Freundinnen über einer Schüssel Spaghetti saßen. »Wir aßen aus einer Schüssel ohne Teller und trugen nur Unterwäsche, damit wir nicht wegen Flecken aufpassen mussten. Das ist ein unvergessliches Erlebnis, wir hatten solch einen Spaß!«

Was tun bei Allergien?

Was hat eine Allergie mit dem Wohnen zu tun? Zumindest so viel, dass sie sich auf das Wohnen auswirkt und unsere Freiheiten einschränkt. Bei einer Pollenallergie die Fenster im Sommer nicht öffnen zu können oder wegen einer Tierhaarallergie keine Haustiere zu haben sind Beschränkungen, die uns nicht unbedingt gefallen.

Grundsätzlich geschieht bei den meisten Allergien ein ähnlicher Vorgang im Körper: An sich harmlose Stoffe werden als gefährliche Eindringlinge behandelt und bekämpft. Das System reagiert also überempfindlich und kann die Auseinandersetzung mit diesen Stoffen nicht ertragen. Dieser Vorgang als Bild betrachtet bedeutet, dass man Belastungen nicht aushalten kann, ohne überzureagieren. Allergiker fressen oft in sich hinein und können mit der erzeugten Aggression nicht umgehen. Weil es ihnen nicht möglich ist, eine angemessene Aggression weiterzugeben und loszuwerden, wenden sie diese unbewusst gegen sich selbst und der Körper reagiert mit einer Kränkung.

Eine Allergie ist psychosomatisch betrachtet unterdrücktes Aggressionsthema, das nicht ausgelebt wird. Die Ursachen dafür findet man meist in seiner Vergangenheit und in frühen Themen der Kindheit. Interessant ist auch die Tatsache, dass kaum eine Form der Allergie ohne Bewusstheit Wirkung zeigt. Komapatienten reagieren nur äußerst selten auf die sonst wirksamen Auslöser. Es scheint sich also um eine Art erlerntes Verhalten zu handeln, das zumindest eine Wachheit voraussetzt.

Das können viele Betroffene bestätigen: Wer Heuschnupfen hat, muss nur eine blühende Wiese sehen, um Symptome zu entwickeln. Die Frage ist, was hinter dem Symbolträger für mich steckt. Das Katzenhaar an sich löst keine Allergie aus, wohl aber das, wofür die Katze steht. Für die meisten Menschen ist die Katze ein liebes, kuscheliges und anschmiegsames Tier. Sie verkörpert Nähe, Weichheit und Verschmustheit, der man sich oft nicht entziehen kann, weil Katzen sich einfach holen, was sie gerade brauchen oder wollen. Welches Thema habe ich mit Nähe, Schmusen und dem Durchsetzen von Bedürfnissen?

Bei der Hausstauballergie ist der Kot der Milben die Projektionsfläche. Welches Thema habe ich also mit Unreinheit und mit dem Unreinen im intimsten Bereich, dem Bett?

Die Allergie zeigt uns, wie wir mit Aggression umgehen und um welche Felder es sich handelt. Eigentlich tut sie uns damit einen guten Dienst: Sie macht uns aufmerksam. Wir können lernen, uns den Aggressionen zu stellen, sie auszuhalten und damit auseinanderzusetzen. Das allein lässt sie nicht verschwinden, aber mildert die Auswirkungen.

Wohnschäden

Unfälle und Zufälle bringen uns unfreiwillig mit den Lebensgesetzen in Kontakt. Viele Menschen gehen davon aus, dass das, was ihnen zufällt, etwas mit ihnen zu tun und durchaus eine Bedeutung hat. In jedem Fall lohnt es sich, die Deutungen auf sich wirken zu lassen und das scheinbar Offensichtliche aus einer neuen Perspektive zu betrachten.

Wasserschäden

Wenn Wasser sich unkontrolliert den Weg bahnt, dann brechen zurückgehaltene Gefühle durch. Tränen sind der Ausdruck für ein besonders starkes Gefühl. Sie sind unkontrollierbar wie eindringendes Wasser. Dies mag verstärkt jemandem passieren, der gerne seine Gefühle unter Verschluss hält oder zumindest kontrolliert.

Feuerschäden

Feuer steht für eine radikale Veränderung und den Neubeginn. Einerseits ist die Beherrschung des Feuers der Beginn der Industrialisierung und damit der Zivilisation, in der wir heute leben. Das Feuer ist jedoch auch Verursacher der Probleme, die wir heute mit der Umweltzerstörung und dem Klimawandel haben. Feuer wärmt uns, wir verbrennen uns aber auch daran und so steht ein Brand für einen Aufruf zu einem extremen Wandel. Es kann sein, dass ein Brandschaden Menschen passiert, die sich strikt gegen Veränderungen verweigern.

Windschäden

Die Luft bringt die Luftigkeit und damit die Kreativität und die Inspiration mit. Wer von Sturmschäden oder extremen Winden überrascht wird, wird mit der Energie der Erneuerung konfrontiert und soll lernen, frischen Wind zuzulassen und vor allem flexibler zu werden.

Einbruch/Glasbruch

Wer von Einbruch oder Glasbruch heimgesucht wird und immer wieder unsanft auf das schnelle Vergehen von Glück und Wertdingen hingewiesen wird, muss Altes loslassen. Der Bruch ist plötzlich und meist unerwartet: Auch hier kommt ein Schwall von Gefühlen ganz unvermittelt auf einen zu und weist auf Handlungsbedarf hin.

Rohrverstopfung

Wenn der Abfluss verstopft, kommt das Dunkle an die Oberfläche. Offenbar ist der Fluss unterbrochen und Ungeliebtes, was man gerne los hätte, kommt zum Vorschein. Es zeigt sich der Schatten, das Verdrängte.

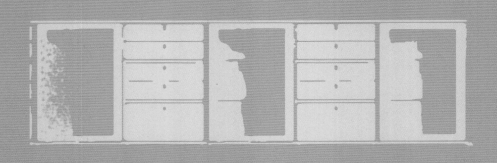

Dem Wohnpsychologen über die Schulter geschaut

10

Mit folgenden Beispielen möchte ich die praktische Seite meiner Arbeit veranschaulichen. Die erste Geschichte zeigt, wie die Übernahme einer Mode zunächst überfordert und später zu einem Genuss wird.

Beispiel 1

Familie F. hatte um Unterstützung gebeten, weil sie keine passende Couch für ihr Wohnzimmer fand. Als ich die 500 km fuhr, um ihr Haus zu besichtigen, überlegte ich mir, woran es liegen könnte, dass man in unserem Überangebot an Sitzmöbeln keine Couch findet. Ich vermutete, dass es nicht die Couch an sich war, sondern der Standort. Genau hier lag auch das Problem: Das großzügige Wohnzimmer ging L-förmig in den Essbereich über und genau im Schnittpunkt stand ungeschützt und mitten im Raum eine einzelne Liege ohne Armlehnen mit Blickrichtung auf die dunkle Regalwand. Der Sitzplatz war dadurch nackt, einsehbar und unattraktiv. Er war so gewählt worden, um Platz zu haben für die Schrankwand und den Fernseher. Der Kunde hatte zur Modernisierung einige Jahre zuvor die gesamte Außenfront aufgerissen und wie einen Wintergarten verglast. Einerseits war der Ausblick wunderbar, andrerseits veränderte sich der Raum dadurch maßgeblich. Wo vorher schützende Mauern gewesen waren und eine geborgene Ecke, war nun eine Glaswand. Die Aufstellung der Möbel war jedoch nie verändert worden. Die fehlende Behaglichkeit fiel jahrelang nicht auf, weil beim Essplatz eine zweite kleine Sitzecke entstanden war und der Kunde häufig in seinem Ferienhaus war.

Wir lösten die Situation durch eine größere Couchecke anstelle der Schrankwand und stellten ein flaches Sideboard vor die Fensterwand und das Fernsehgerät darauf. So wurde die Möglichkeit geschaffen, von einem sicheren Sitzplatz nach draußen sehen zu können und den Fernseher nicht mehr im Mittelpunkt des optischen Interesses zu haben. Die Gruppe wurde durch einen Sessel gegenüber der Sitzgruppe ergänzt, um eine lockere Runde zu erreichen, in der man ein Gegenüber hat.

In den Eckpunkt des Raums stellten wir eine Jukebox aus den Sechzigerjahren, ein geliebtes Sammlerstück des Hausherrn, das bis dahin ein dunkles Dasein im Keller fristete. An strategischen Stellen und an den Wänden wurden Lichteffekte gesetzt, um die dunklen Ecken ins rechte Licht zu setzen.

Die Folge war, dass der Kunde den neuen

Sitzplatz deutlich häufiger nutzte, weniger fernsah und öfter Gäste einlud.

Das Beispiel zeigt, dass das, was eine Höhle in der Urzeit dem Menschen bedeutete, immer noch ein aktuelles und für unser Wohlbefinden essenzielles Bedürfnis darstellt. Wir suchen heute nach Zehntausenden Jahren des Höhlenwohnens statt des Schutzes der Höhlenmauer den der Raufaserwände und den sicheren Überblick über Ein- und Ausgänge. Das Menschsein ist fest mit dem Haus, dem »Ge-wohnten« verbunden und sichert uns ein entspanntes Leben fernab der gestrigen und heutigen Gefahren.

Dabei laufen die wenigsten Prozesse des Schutzbedürfnisses im Bewussten ab. Natürlich haben wir offenbar keine Angst, wenn eine Couch frei im Raum steht oder der Stuhl mit dem Rücken offen zum Raum oder Eingang. Doch unsere Instinkte und unbewussten Gefühle sind immer noch archaisch und lassen uns auf subtile Weise spüren, dass etwas nicht stimmt oder ungemütlich ist, auch wenn der Kopf das Gefühl als irrelevant abtut.

Zum Thema des Schutzes gehört auch die Geborgenheit. So wäre es sinnvoll, uns bei der Wohnungswahl zu fragen, ob wir dem Raum oder der Raum uns gewachsen erscheint. Es geht dabei auch um Behaglichkeit im Sinne der angemessenen Größe. Lebensqualität im Wohnen ist mit Geborgenheit untrennbar verbunden. Erst ein Gefühl der Geborgenheit lässt uns Kreativität entfalten, echte Entspannung erleben und das Gefühl, wieder aufzutanken. Erlebte Sicherheit kann auch das Selbstwertgefühl stärken und aggressives Verhalten mindern. Wenn das Zuhause eine unsichere Ausstrahlung hat, muss es nicht wundern, wenn man sich selbst auch unsicher fühlt.

Nur vor Pauschallösungen möchte ich warnen: Was dem einen Sicherheit durch Masse, kräftige Balken und kleine Schießscharten statt großer Fenster gibt, ist für den anderen Druck und Bedrängung und wirkt wie ein Eingesperrtsein im Kerker.

Gerade Schutz und Geborgenheit und deren Realisierung auf der Materialebene sind von verschiedenen Menschentypen höchst unterschiedlich initialisiert und dadurch sehr unterschiedlich bewertet. Was dem einen Sicherheit darstellt, ist für den anderen ein Sich-ausgeliefert-Fühlen.

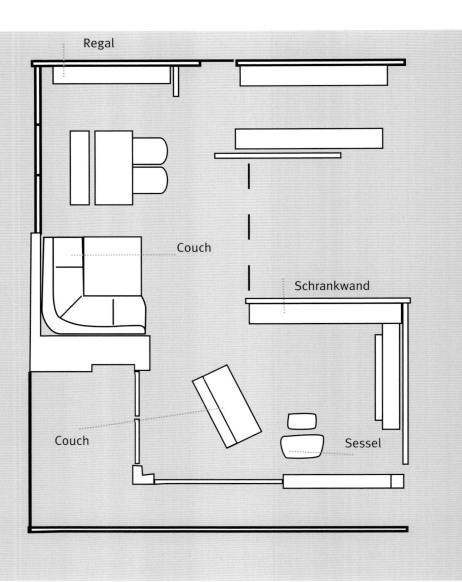

Regal

Couch

Schrankwand

Couch

Sessel

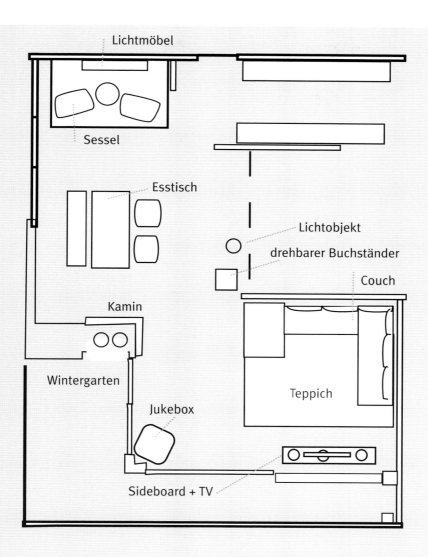

Lichtmöbel

Sessel

Esstisch

Lichtobjekt

drehbarer Buchständer

Couch

Kamin

Wintergarten

Jukebox

Teppich

Sideboard + TV

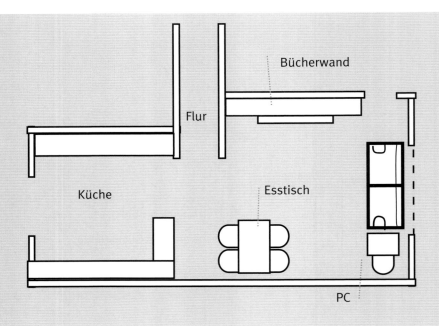

Beispiel 2

Das folgende Beispiel verdeutlicht, wie die Berücksichtigung des Archetyps (Sternzeichen Wassermann) eine Problemsituation lösen kann.

Herr S. wohnt allein, nachdem er sich von seiner Frau getrennt hat. Die Kinder sind erwachsen und kommen nur ab und zu auf Besuch. Er lebt in einem Vorort einer größeren Stadt in einer 3-Zimmer-Wohnung mit Küche und Bad, Schlafzimmer, Arbeitszimmer und einem Wohnraum, der durch einen breiten Durchgang mit der Küche verbunden ist. Hier liegt das Problem. Herr S. bat mich um meine Unterstützung, weil er sich im Wohn-Esszimmer nicht mehr wohlfühlte, aber nicht feststellen konnte, woran es lag. Er fand keine Ruhe, Gäste fühlten sich nicht besonders wohl, mit dem Licht war er auch unzufrieden. Es war geplant, eine neue Couch zu kaufen, da die alte eine Kompromisslösung gewesen war, die heute nicht mehr den Ansprüchen gerecht wurde. Bevor er mit dem neuen Sofa das Problem immer noch nicht lösen konnte,

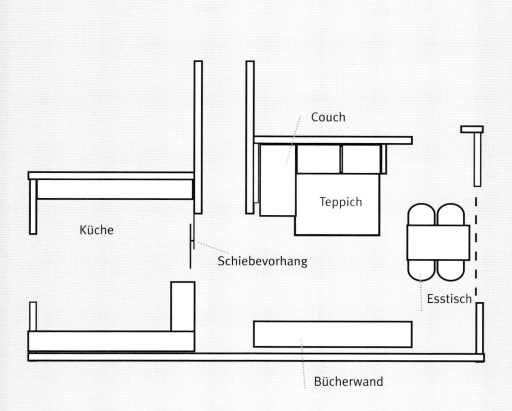

Couch

Teppich

Küche

Schiebevorhang

Esstisch

Bücherwand

war ihm wichtig herauszufinden, was er bei der Aufstellung der Möbel verbessern konnte. Die Zeichnung zeigt, welchen sinnvollen Überlegungen er bei der Platzierung der Einrichtung gefolgt war.

Seine Idee war, gleich im Durchgang zur Küche den Esstisch aufzustellen und als Blickfang die Couch vor das Fenster zu setzen. Trotzdem stellte sich keine Ruhe ein, wenn er einmal Zeit fand, sich zu setzen, und wenn Besuch kam, musste man am Esstisch sitzen bleiben, was zwar häufig genutzt wurde, allerdings nie als sonderlich einladend empfunden wurde. Irgendetwas stimmte einfach nicht, obwohl es für jeden Standort der Möbel eine logische und sinnvolle Begründung gab.

Pragmatisch betrachtet, steht der Esstisch, der meist tagsüber benutzt wird, vor allem, wenn Gäste kommen, an der dunkelsten Stelle im Raum. Die Couch steht an der hellsten Stelle, obwohl Herr S. sich nur abends gemütlich darauf niederlässt. Das Licht könnte daher besser zu den Gelegenheiten genutzt werden. Auffallend war auch, dass der Blick von der Couch in die Küche führte. Herr S. war sehr ordentlich, aber auf meine Frage, warum er diese Wohnung gekauft hatte, war die Antwort: »Der Ausblick ins Grüne.« Sein Archetyp »Freiheit, Veränderung« hatte also instinktiv die Wahl beeinflusst und den Blick ins Freie gewählt. Offenbar war aber der Kopf mit anderen, praktischen Überlegungen dazwischengekommen (kurze Wege in die Küche).

Ich stellte mir die Frage, warum man bei dieser Aufstellung diesen wunderbaren Ausblick nur beim Durchgehen genießen konnte.

Meine Vermutung war, dass der Anblick der prominent platzierten Couch eine Einladung an ihn selbst war, dass er sich ruhig öfter einfach nur hinsetzen und nichts tun sollte. Auf meine Vermutung hin bestätigte Herr S., sich getrieben zu fühlen und zu glauben immer für alles verantwortlich zu sein. Vor allem, dass es den anderen gut gehe und er selbst dabei gerne zu kurz komme, aber sich über die Jahre damit abgefunden habe.

Von der Energie des Raums war der Standort der Couch und auch des Esstischs in einer Durchgangszone. Der Esstisch stand zwischen »Tür und Angel« und blockierte die Großzügigkeit des offenen Raums. Die Couch stand wie eine Blockade vor dem Fenster mit der wunderbaren Aussicht und neben dem Durchgang zur Terrasse. Diese Platzierung war aus praktischen Gründen erwogen worden und erschien daher auch sinnvoll. Die einzig ruhige Ecke im Raum war mit der Bücherwand belegt. Sie war auch gleichzeitig in dem dunklen Bereich mit der größten Entfernung zu den natürlichen Lichtquellen, was zu Belichtungsproblemen führte.

Wenn man die Einrichtung komplett drehen würde, wären die meisten Probleme mit einem Schlag gelöst und der Archetypus wäre erfüllt. Wenn dann der breite Durchgang mit einem flexiblen Schiebevorhang die Möglichkeit eröffnete, den Raum zu schließen und den Durchgangscharakter zu einem geschlossenen Raum zu machen, würde Ruhe einkehren. Ich schlug vor, die Möbel probeweise umzustellen. Wir krempelten die Ärmel hoch und begannen eine Ruheinsel mit der Couch in der Ecke einzurichten und seitlich davon eine Fotowand zu installieren, an der alle lieben Menschen ihren Platz finden sollten. Bisher verstaubten die Fotos und Bilderrahmen im Regal und kamen nicht zur Wirkung. Dadurch wurde der Ausblick frei und die Couch erhielt eine geschützte Ecke zur tatsächlichen Entspannung und mit Ausblick. Der Esstisch rückte ins Licht und die Schrankwand kam besser zur Geltung und ließ gleichzeitig den breiten Durchgang wirken. Auch die Lichtsituation hatte sich zum Guten gewendet: Der Essplatz, der fast nur tagsüber genutzt wurde, war nun im besten Tageslicht und ließ den Ausblick zu. Der etwas dunklere Bereich ist

auch der ruhigere für die Couch, die mehr Gemütlichkeit dadurch gewinnt.

Begeistert über diese komplette Veränderung des Raumgefühls durch wenige Maßnahmen stellte Herr S. fest: »Jetzt bin ich 100 % zufrieden. Es war so einfach und ich konnte es nicht sehen.«

Die meisten Veränderungen, die eine große Wirkung haben, sind einfach. Schwierig ist nur, sie zu erkennen und das Richtige für diesen Menschen zu finden. Darin liegt das ganze Geheimnis zum größten Wohl aller.

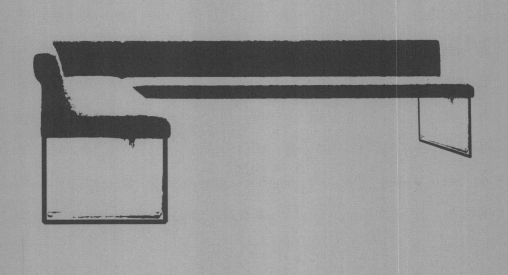

Anhang

© Linke

Der Autor

Ich hatte schon immer das Bedürfnis, meine Umwelt zu gestalten. Als Kind einer Innenarchitektin und eines Architekten war mir der Wille zur Gestaltung und Formung meines Lebensumfeldes in die Wiege gelegt. Deshalb begann ich nach dem Abitur eine Schneiderlehre, denn die Art von Kleidung, die mir gefiel, konnte ich mir nicht leisten. Also musste ich sie selbst herstellen.

1988, drei Jahre nach meiner Ausbildung zum Bekleidungsschneider bei der be-

kannten Designerin Trixi Schober, schloss ich eine Ausbildung zum Modedesigner und Schnitttechniker in Düsseldorf ab. Gleichzeitig eröffnete ich ein kleines Einrichtungsstudio im Dachgeschoss unseres ehemaligen Geschäftes, das bereits drei Jahre leer stand. Nach einem Umzug war mein Geschäft im Jahr 2000 in die Top 300 Deutschlands aufgenommen worden.

Durch einen Zufall bekam ich den Auftrag, die Praxis einer Psychoanalytikerin einzurichten. Ich bewunderte ihre Art, mit Entscheidungen umzugehen, und ihr Verlangen, aus der Praxiseinrichtung ein ganzheitliches und auf ihre Patienten abgestimmtes Konzept zu erstellen. So kam ich auch zu meiner eigenen Psychotherapie, von der ich sehr profitierte. Diese Therapie legte den Grundstein meines heutigen Wirkens.

Danach lernte ich durch Zufall die Ausbilderin der Telefonseelsorge kennen. Sie fragte, ob es mir nicht Spaß machen würde, eine Ausbildung als Berater bei der Telefonseelsorge zu machen, um dort ehrenamtlich zu arbeiten. Es gestaltete sich nicht immer einfach, auch das noch neben meinem Einrichtungshaus mit seinen einundzwanzig Mitarbeitern zeitlich zu vereinbaren. Aber es war so spannend und menschlich so bereichernd, dass ich fast vier Jahre dort blieb, um in Nachtschichten Menschen in oft essenziellen Lebensproblemen zu beraten.

Später lernte ich noch systemische Prozessberatung und Gruppendynamik bei Dr. Rosenkranz und schloss meine Ausbildung mit dem Heilpraktiker für Psychotherapie ab. Noch war die Idee mit der Verknüpfung beider Berufe nicht geboren, sondern beide existierten nebeneinander, obwohl sich die Arbeit in jeder Hinsicht befruchtete. Erst als ich Dr. med. Ruediger Dahlke kennenlernte, seine grandiose Rednerkunst und seine teils radikalen Ansichten, war mir klar, dass meine Berufung in der Verknüpfung des beraterischen Ansatzes mit dem Ausdrucksmittel der Lebensraumgestaltung liegt. Heute berate ich als Coach und plane für Privatpersonen und Unternehmen Einrichtungen und Raumkonzepte. Meine Kernkompetenz liegt im Erkennen und Lösen von Problemfeldern in Abstimmung auf die Persönlichkeit.

Dank

In allen Lebenssituationen hatte und habe ich Ratgeber, Helfer und Freunde. Dieses Buch entstand aus der Erfahrung und dem Wissen vieler Menschen. Ich danke von Herzen allen Freunden, die zum Gelingen meines Erstlingswerks beitrugen. Allen voran danke ich von Herzen meinem Freund Bernd Voss, der durch seine klare Strukturiertheit und sein hohes Maß an Einfühlsamkeit mein kreatives Chaos ordnete und in mir immer wieder die Lust am Schreiben anzündete. Petra Sicklinger hat mit Ihrem klugen Sachverstand und Ihrer authentischen Art Inhalte hinterfragt, Anregungen gegeben und mich mit ihrem Herzen zu neuen Themen inspiriert. Katrin Erkens hat mit ihrem messerscharfen Verstand Struktur und Logik positiv beeinflusst. Wertvolle Hinweise, seelische Unterstützung und Inspiration verdanke ich auch Prof. Dr. Rüdiger Hein, der mich mit seinen wunderbaren Gedichten inspiriert hat. Barbara Eichberger berät mich hervorragend in Marketing. Danke auch an Margit Dahlke, die mich mit ihrem Archetypenwissen unterstützt hat, und nicht zuletzt dem *nymphenburger* Verlag, dass es ein so schönes Buch geworden ist.

Ruediger Dahlke
Die Psychologie
des Geldes

Unser Umgang mit Geld hat immer auch Auswirkungen auf unsere Seele. Ruediger Dahlke führt uns zur eigentlichen Qualität unseres Lebens und zu einem entspannten Verhältnis zum Geld zurück. So wird es möglich, Geld zu besitzen, anstatt von ihm besessen zu sein.

144 Seiten, ISBN 978-3-485-01147-1

Ruediger Dahlke
Die Notfallapo-
theke für die Seele

Die Botschaften der Seele wollen verstanden werden. Sie sind ein Hilfeschrei, etwas im Leben zu verändern. Ruediger Dahlke zeigt heilende Übungen, Entspannungstechniken und Meditationen, die praktische Hilfe bei den wichtigsten seelischen Beschwerden bieten.

128 Seiten, ISBN 978-3-485-01120-4

n y m p h e n b u r g e r

Ruediger Dahlke
Dorothea Neumayr
Sinnlich Fasten

Mit Genuss fasten und dabei Körper und Seele erneuern. Jeder Wochentag steht für ein archetypisches Urprinzip mit besonderen Qualitäten. Durch Meditationen und Körperübungen verbinden wir uns damit, sodass die Fastenwoche auch auf seelischer Ebene zu einer tiefen Verwandlung führt.

144 Seiten, ISBN 978-3-485-01307-9

Ingrid Kraaz v. Rohr
Gute Laune kann
man essen!

Mit einer bewussten Farbauswahl kann man Gesundheit und Wohlbefinden positiv beeinflussen. Die unterschiedlichen Schwingungen der Farben wirken auch innerlich. So hat die Farbe eines Lebensmittels Einfluss auf unser psychisches und körperliches Wohlbefinden.

160 Seiten, ISBN 978-3-485-01138-9

nymphenburger